PIER PAOLO SPOSATO

CAPI NON SI NASCE

Come Strutturare e Gestire
l'Efficienza Organizzativa in Azienda

Titolo

"CAPI NON SI NASCE"

Autore

Pier Paolo Sposato

Editore

Bruno Editore

Sito internet

http://www.brunoeditore.it

Sommario

Introduzione

Ho sempre considerato una priorità, in tutti ruoli che ho ricoperto durante la mia vita lavorativa, dedicare tempo e attenzione alla formazione e allo sviluppo di coloro che mi riportavano. Terminata l'esperienza come dirigente nella funzione risorse umane e iniziata quella di consulente, è stato forte in me il desiderio di trasmettere ad altri il bagaglio di conoscenze ed esperienze che avevo avuto la fortuna di accumulare in oltre trentacinque anni di lavoro in aziende multinazionali.

Sono cresciuto nella convinzione, confermata da molteplici esperienze, di quanto siano importanti i capi di prima linea e intermedi; le figure del supervisore e/o del manager di prima linea costituiscono la "spina dorsale di un'organizzazione".

Le sfide degli anni Duemila presuppongono la disponibilità di capitale umano d'alto livello, che possieda elevate conoscenze e che sia in grado di mantenerle anche in presenza di fenomeni accelerati di cambiamento. Inquadrato in questa situazione il supervisore e il manager di prima linea, seppure con sfumature e pesi diversi, secondo il tipo d'azienda, è innanzi tutto un professionista che deve gestire il personale a lui affidato.

L'attività di supervisione, alla stregua di quella di un avvocato, ingegnere, medico, presuppone precise competenze in termini di conoscenze, capacità e comportamenti; chi, in qualunque tipo d'istituzione, ha la responsabilità di gestire degli uomini, dovrebbe mantenere, come qualunque altro professionista, costantemente aggiornate le proprie competenze, pena la perdita d'affidabilità e di leadership.

È abbastanza frequente, per contro, che, fatte salve le dovute eccezioni, molte aziende non si pongano il problema di sviluppare specifiche conoscenze sulla gestione delle risorse umane, per coloro che arrivano a una posizione direttiva, in quanto:

- hanno ben operato nella posizione immediatamente inferiore;
- hanno dimostrato di possedere potenzialmente delle capacità tali da permettergli di assumere responsabilità crescenti.

Esistono teorie che, usate in passato nelle imprese con scarsa propensione a investire in formazione, hanno prodotto mediocri professionisti con pesanti ripercussioni sull'intera gestione delle aziende. Ci riferiamo ai così detti pregiudizi sulla non possibilità di ottenere cambiamenti nei dipendenti, del tipo:

- il management è solamente una questione di buon senso;
- le prestazioni efficaci sono facili da riconoscere;
- ognuno nasce con abilità o le sviluppa solamente in età molto precoce;
- le prestazioni si possono migliorare, migliorando solo le conoscenze;
- solo l'esperienza può insegnare cosa è importante nel gestire un ruolo.

È per contro dimostrabile che capi non si nasce, ma ci si diventa attraverso un costante impegno, una ferrea volontà, spirito di sacrificio, un'adeguata preparazione e un successivo aggiornamento, teso allo sviluppo delle capacità potenzialmente già possedute. Questo percorso teorico si scontra con le disponibilità temporali dei supervisori, che oggi devono gestire quasi di continuo crisi aziendali. In queste condizioni, alle quali si aggiungono scarsi investimenti nella formazione e sviluppo del personale, i capi di nuova nomina sono spesso chiamati a operare, avendo ricevuto solamente l'investitura nel ruolo.

Si pensi, inoltre, all'enorme problema con cui si devono confrontare tutti quelli che ricoprono ruoli direttivi nell'Amministrazione dello Stato. Gestire dei dipendenti in un ambiente dove le strutture non rispondono a criteri meramente organizzativi, ma sono il risultato d'interventi politico/sociali, è un'impresa degna della massima comprensione. Sono praticamente misconosciuti concetti quali la valutazione del personale e la meritocrazia e, quasi sempre, i sindacati interni si oppongono all'applicazione di più che giustificate sanzioni disciplinari nei confronti di dipendenti disonesti o negligenti.

Possedere, naturalmente, alcuni aspetti caratteriali quali un'elevata fiducia in se stessi, spirito d'iniziativa e flessibilità, affiancate da doti come buone comunicazioni interpersonali, capacità d'ascolto e di persuasione, certamente aiuta se non addirittura identifica i potenziali candidati alle posizioni direttive. Queste e altre caratteristiche naturali devono, però, essere sviluppate in ambito lavorativo, al fine di completare il profilo distintivo di tutti quelli che ottengono risultati attraverso l'attività dei loro dipendenti.

Nasce così l'idea del libro *Capi non si nasce*, dedicato a chi, portato a nuove responsabilità, pur operando in condizioni non ideali, desidera progredire nella sua carriera e svolgere il ruolo assegnato con competenza e dignità. Io ho avuto la fortuna di lavorare per aziende che investivano moltissimo nella formazione del personale e ti posso assicurare che riuscire a sviluppare tutte le capacità necessarie richiede umiltà, perseveranza e una forte determinazione.

GIORNO 1:

L'importanza dell'efficienza organizzativa

Desidero condividere con i lettori, prima di addentrarci negli aspetti di carattere pratico, alcune considerazioni relative alle organizzazioni aziendali, conseguenza dei profondi mutamenti avvenuti negli ultimi anni sul mercato del lavoro.

SEGRETO n. 1: un'organizzazione motivante è quella che, nel rispetto di rigorosi e solidi obiettivi di business, riesce a mettere in atto politiche retributive che riconoscano ruoli e meriti dei dipendenti, processi di sviluppo che favoriscano la crescita professionale e processi di gestione delle prestazioni, basati sulla leadership autorevole.

Le dinamiche economiche che hanno caratterizzato la gestione delle imprese in questi anni, gli effetti della globalizzazione e di scelte politiche a livello nazionale, hanno provocato delle distorsioni nei rapporti tra datori e prestatori di lavoro. La così detta riforma Biagi, contrariamente a quanto si auspicava, ha avuto e sta avendo delle applicazioni puramente economiche e non di modernizzazione della contrattualistica del lavoro. Essa si è inoltre innestata su una realtà imprenditoriale che, fatte le dovute eccezioni, è talvolta rappresentata da elementi con capacità non adeguate alle moderne sfide del mercato. Tutto ciò non ha creato l'auspicata flessibilità nei rapporti di lavoro, ma un'incontrollata precarietà. È puramente utopistico pensare a un mercato basato sull'equivalenza tra denaro e lavoro ma è ugualmente un errore non ricordare che gli eccessi di capitalismo hanno portato, per reazione, a eccessi di statalismo, con la riduzione o scomparsa dell'imprenditoria privata.

SEGRETO n. 2: la risorsa umana deve essere considerata un fattore di vantaggio competitivo, altrimenti è impossibile pretendere da essa prestazioni che siano nelle aspettative aziendali.

Si sta assistendo, dagli inizi degli anni 2000, a un crescendo di comportamenti che fanno intuire l'esistenza di un'imprenditoria troppo concentrata sulla riduzione del costo del lavoro. Gli esempi più evidenti sono:

- stagisti utilizzati al posto di dipendenti;

- contratti di formazione sfruttati per prolungare il periodo di selezione;

- contratti di collaborazione a progetto proposti per situazioni dove sarebbe giustificato un contratto di lavoro a tempo determinato se non addirittura indeterminato;

- e, infine, contratti di prestazione professionale dove al lavoratore, nella realtà, non è concessa alcuna autonomia, mascherando in tal modo un rapporto di lavoro dipendente a tutti gli effetti.

È innegabile che i cambiamenti verificatisi nel mondo del lavoro hanno deviato l'attenzione dell'imprenditoria ma lascia perplessi, comunque, il fatto che si sta dimenticando quali siano le motivazioni che inducono l'essere umano a fornire una efficace prestazione lavorativa.

Queste non sono cambiate o, almeno, ancora nessuno lo ha rilevato; è lecito, dunque, domandarsi per quanto tempo ancora i datori di lavoro potranno ignorare queste basilari dinamiche psicologiche, senza dover scontare un generalizzata e ingovernabile diminuzione della produttività.

SEGRETO n. 3: la motivazione dei dipendenti è necessaria per ottenere efficaci prestazioni lavorative.

Non mancano, d'altro canto, nella pubblica amministrazione e nelle istituzioni, esempi che dimostrano a quali livelli d'improduttività si può arrivare quando il personale è inserito in organizzazioni che non rispettano, in alcun modo, i principi della motivazione. Sono sotto gli occhi di tutti i danni provocati dalla scuola e dalla magistratura italiana, per motivazioni certamente diverse ma, in ogni modo, ricadenti nel grande capitolo della efficienza organizzativa.

I problemi connessi alla scuola pubblica (per quanto non manchino esempi anche nella privata) sono essenzialmente dovuti alla mancata valorizzazione del personale, sia nella fase di assunzione che nella successiva vita lavorativa. L'Italia affida la formazione culturale e lo sviluppo civile dei propri figli a un'organizzazione che seleziona il personale con metodi aleatori, che si avvale di un significativo numero di dipendenti precari (talvolta a vita), che eroga retribuzioni non motivanti , in quanto non ha un sistema per valutare e premiare i più meritevoli. Una statistica elaborata dal Ministero della Pubblica Istruzione nei primi mesi del 2008 evidenziava che, se in quel momento si fosse chiuso l'anno, il 90% degli alunni avrebbe avuto dei debiti scolastici. Sono dati impressionanti a cui si aggiungono poi gli innumerevoli episodi d'inaccettabili relazioni, dal punto di vista civile, tra alunni e insegnanti.

SEGRETO n. 4: per motivare i dipendenti è necessario applicare processi meritocratici.

L'improduttività della Magistratura è segnata, d'altro canto, dalla vergognosa lunghezza dei processi civili e penali, lunghezza che, nella maggior parte dei casi, non è del tutto giustificata dall'insufficienza delle risorse umane, argomento spesso chiamato in causa dagli interessati. Bisogna aver lavorato per anni nei tribunali, come ho fatto nell'ambito di alcune mie responsabilità, per capire che sono i comportamenti e le abitudini degli addetti a produrre tali macroscopiche deviazioni.

Il problema risiede nel fatto che mai nessuno è intervenuto per correggere tali deviazioni, poiché, nuovamente, l'istituzione non possiede alcun sistema per valutare i dipendenti, premiare i meritevoli o punire i negligenti.

SEGRETO n. 5: per applicare dei processi meritocratici si deve possedere un sistema di valutazione delle prestazioni.

Le considerazioni, le analisi e i suggerimenti contenuti nei prossimi capitoli potranno essere messi in pratica, al meglio, da quei lettori che ricoprono una funzione di supervisione in organizzazioni che danno valore alle risorse umane. Incito i colleghi, negli altri casi, a trovare stimoli per operare, comunque, in modo professionalmente assertivo, seppure in condizioni ambientali più difficili. Prova adesso, a esprimere una valutazione sulla efficienza organizzativa dell'azienda, istituto, ente in cui lavori, tenendo in giusto conto che andremo a descrivere processi organizzativi ideali.

Considera per prima cosa la Missione aziendale e poniti le seguenti domande:

- La missione è ben definita e in caso positivo è trasmessa in modo chiaro ai dipendenti?
- Nel caso sia definita e trasmessa ai dipendenti, è possibile ricavarne valori e comportamenti strategici per l'azienda?

Secondo processo da valutare è la selezione del personale:

- Esiste un processo formale per la selezione del personale?
- La funzione del personale, se presente, ha un ruolo nel processo di selezione?
- La selezione viene effettuata confrontando il profilo del candidato con quello necessario a ricoprire il ruolo oggetto della ricerca?
- I profili dei ruoli aziendali sono descritti in termini di conoscenze, capacità e comportamenti necessari per ottenere prestazioni eccellenti?

Passiamo al terzo argomento, relativo ai mansionari:

- È attivo un processo per la descrizione e l'aggiornamento delle mansioni e, se attivo, è affidato alla funzione del personale o a un apposito comitato?

- Le mansioni sono comunicate ai dipendenti in forma scritta?

Verifichiamo, ora, la valutazione del personale:

- È attivo un processo di valutazione e a chi è esteso? Dirigenti, quadri, impiegati, operai?
- Su che cosa è valutato il personale? Standard di prestazione, obiettivi, competenze?
- Chi compie le valutazioni? Il superiore diretto, comitati di valutazione?
- Esiste un processo per individuare i dipendenti in grado di assumere responsabilità crescenti?
- Chi compie questa valutazione? Il superiore diretto, la funzione del personale, consulenti esterni.

Un altro processo da analizzare è quello relativo alla formazione e sviluppo:

- L'azienda attua progetti di formazione del personale?
- Esiste un processo che definisce i meccanismi di carriera?
- Vengono definiti dei piani di successione?

Un fattore determinante, dal punto di vista motivazionale, è la politica retributiva:

- Esiste una politica retributiva basata sulla meritocrazia?
- Per figure direttive, quadri e specialisti sono previsti piani d'incentivazione basati sul raggiungimento degli obiettivi?
- Sono previsti piani d'incentivazione, estesi a tutto il personale, quali profit sharing o gain sharing?

L'ultimo processo da controllare è quello delle comunicazioni:

- Esiste un processo di comunicazioni top-down quali riunioni di reparto, albo aziendale, rivista, comunicazioni scritte della direzione?
- Esiste anche il processo inverso down-top gestito tramite riunioni capo-dipendenti, open forum, cassetta dei suggerimenti?

Sei ora in grado di esprimere un giudizio sulla efficienza organizzativa della tua azienda e ciò si rivelerà molto importante per comprendere in quale direzione dovrai, probabilmente, indirizzare i tuoi sforzi; i processi sui quali non sei riuscito a esprimere una risposta o questa è stata negativa sono quelli che ti porranno maggiori problemi nell'esercitare la tua attività di supervisione.

SEGRETO n. 6: conoscere i punti di inefficienza della propria azienda aiuta a comprendere dove porre la maggiore attenzione, per sviluppare la tua capacità di supervisione.

RIEPILOGO DEL GIORNO 1:

- SEGRETO n. 1: un'organizzazione motivante è quella che, nel rispetto di rigorosi e solidi obiettivi di business, riesce a mettere in atto politiche retributive che riconoscano ruoli e meriti dei dipendenti, processi di sviluppo che favoriscano la crescita professionale e processi di gestione delle prestazioni, basati sulla leadership autorevole.

- SEGRETO n. 2: la risorsa umana deve essere considerata un fattore di vantaggio competitivo altrimenti è impossibile pretendere da essa prestazioni che siano nelle aspettative aziendali.

- SEGRETO n. 3: la motivazione dei dipendenti è necessaria per ottenere efficaci prestazioni lavorative.

- SEGRETO n. 4: per motivare i dipendenti è necessario applicare processi meritocratici.

- SEGRETO n. 5: per applicare dei processi meritocratici si deve possedere un sistema di valutazione delle prestazioni.

- SEGRETO n. 6: conoscere i punti di inefficienza della propria azienda aiuta a comprendere dove porre la maggiore attenzione, per sviluppare la tua capacità di supervisione.

GIORNO 2:

Come fare assunzioni mirate

Assumere o sostituire del personale è un vero e proprio investimento da non sottovalutare; assumere la persona sbagliata può rivelarsi molto costoso per l'azienda. La selezione del personale, sebbene impegni un capo saltuariamente, è uno dei processi decisivi per la costruzione del proprio successo.

Il poter contare su una risorsa umana efficiente e con profili adatti alla mansione da svolgere favorisce la crescita di un team vincente e facilita significativamente il raggiungimento degli obiettivi del gruppo. Antepongo pertanto l'analisi sulla selezione del personale a tutti gli altri processi, concentrando, però l'attenzione sui momenti nei quali il supervisore interviene direttamente nella valutazione dei candidati.

Fatte salve poche eccezioni, nelle quali il supervisore è responsabile di effettuare anche il reclutamento del personale (in questo senso sono tipici gli esempi di capi area di venditori), il più delle volte esso è coinvolto solo nelle fasi finali del processo, con metodiche che possono essere così schematizzate:

- in un primo caso è lo stesso supervisore a effettuare uno screening dei potenziali candidati e a sottoporre a un suo superiore i due-tre nominativi, per lui più interessanti. Il livello superiore dovrebbe limitarsi a controllare la bontà dei profili presentati, lasciando in ogni modo al capo diretto la scelta finale;

- in un secondo caso è una società di selezione, un cacciatore di teste o la funzione del personale a effettuare un primo filtro dei candidati; al supervisore saranno presentati solo i due-tre migliori e, su questi, egli dovrà compiere la sua scelta, in accordo con il diretto superiore.

Il modello delle competenze

Le competenze sono generalmente definite come la combinazione osservabile e misurabile di conoscenze, capacità e comportamenti che, messi in atto, contribuiscono al miglioramento della prestazione dei dipendenti e al successo dell'organizzazione (Opinioni 3. *L'approccio delle competenze*. Towers Perrin-Febbraio 1994).

L'osservazione e valutazione delle competenze è un approccio che, applicato negli anni '70 esclusivamente ai processi di selezione, si è poi esteso alla valutazione delle prestazioni, alla valutazione del potenziale, alla formazione/sviluppo, al sistema premiante, alla gestione delle prestazioni e al ridisegno organizzativo.

Per facilitare l'approccio alle competenze, si suggerisce l'adozione delle definizioni che seguono, con una terminologia più vicina alla cultura italiana: (Opinioni 3. Towers Perrin)

- conoscenze = il sapere specifico richiesto dalla professione, acquisito tramite una combinazione d'istruzione, formazione ed esperienza;

- capacità = abilità connesse con l'applicazione professionale delle conoscenze in un determinato ruolo;

- caratteristiche = qualità personali (doti, valori, attitudini) richieste per esprimere comportamenti organizzativi attesi per l'efficace realizzazione del ruolo;

- comportamenti = traduzione delle competenze in azioni osservabili.

SEGRETO n. 7: l'adozione del sistema delle competenze permette alle aziende d'ottenere due importanti risultati. Far crescere il livello generale delle prestazioni e comunicare ai dipendenti i comportamenti richiesti per il successo.

Il sistema pone, alla base, il problema della definizione dei profili di ogni ruolo, definizioni che vengono elaborate con l'intervento di società di consulenza che coinvolgono, attraverso interviste e/o focus group, dirigenti, supervisori e possessori del ruolo i cui risultati siano stati eccellenti.

É possibile, comunque, descrivere profili sufficientemente precisi, quando non si ha la fortuna di poter usufruire di modelli forniti da società di consulenza, facendosi appunto aiutare dai migliori possessori di quel ruolo. L'argomento richiede pazienza e un poco di creatività ma un semplice esempio può aiutare, se non altro, a capirne il meccanismo.

La conoscenza della lingua inglese, se dovessimo operare in una società multinazionale, sarebbe richiesta a diversi ruoli aziendali:

l'operatore al centralino, la segretaria di direzione, il product manager, il marketing manager, il direttore generale.

Il livello di conoscenza richiesto varierà, però, secondo le necessità insite nel ruolo, per cui ci deve domandare quali comportamenti i possessori del ruolo devono saper mettere in atto nello svolgere la mansione assegnata. L'operatore al centralino dovrà possedere una buona comprensione della lingua inglese e un vocabolario limitato ma comunque sufficiente per rispondere a interlocutori stranieri.

La segretaria di direzione deve saper leggere, scrivere, rispondere correttamente al telefono e ricevere ospiti. Il product manager, entro certi limiti, può limitarsi a saper leggere l'inglese tecnico, mentre il marketing manager deve possedere una conoscenza della lingua tale da permettergli di colloquiare con colleghi stranieri ed effettuare delle presentazioni.

Il direttore generale deve essere in grado di negoziare in inglese, il che richiede una conoscenza fluente della lingua. Vediamo allora l'applicazione pratica di questi concetti nei processi di selezione; ipotizziamo, sulla scorta dell'esempio di cui sopra, di dover assumere un candidato alla posizione di "responsabile di prodotto" e verifichiamo il processo che dovrebbe esser seguito per definire il profilo di tale posizione.

SEGRETO n. 8: il primo passo da compiere sarà quello di descrivere, in poche righe, le responsabilità che giustificano l'80% dei risultati attesi dal detentore del ruolo.

Queste, nel nostro esempio, potrebbero essere così descritte: «Identifica le esigenze del mercato e sviluppa strategie e tattiche al fine di massimizzare i profitti dei prodotti assegnati, nel rispetto dei budget di spesa».

Si dovranno individuare, quindi, quelle conoscenze, di base e/o sviluppate in precedenti esperienze, necessarie per gestire al meglio la posizione in oggetto.

La nostra azienda potrebbe pretendere una laurea in discipline economiche, la conoscenza dell'inglese tecnico e dei principali programmi informatici e una precedente esperienza di 4/5 anni nel settore delle vendite. Si procederà poi a determinare capacità, comportamenti e caratteristiche personali che, auspicabilmente, dovrebbero essere possedute dal candidato.

Le capacità che nel nostro esempio diventano necessarie sono quelle della pianificazione, negoziazione e persuasione; è importante anche la capacità di lavorare in team e il possesso di ottime comunicazioni scritte e orali.

L'orientamento al risultato è il comportamento più significativo richiesto dalla mansione mentre, come caratteristica personale, al candidato non dovrebbero mancare creatività ed entusiasmo.

Il profilo che emergerà potrà non essere esaustivo, come quello studiato da una società di consulenza, ma costituirà un ottimo punto di riferimento da utilizzare nella fase di reclutamento e da fornire ai selezionatori.

Possiamo vedere un esempio pratico di questo processo applicato al profilo richiesto al Product Manager della Società farmaceutica Pharmacia & Upjohn.

Fig. 1 (Job Descriptions product Manager Senior – Pharmacia & Upjohn)

POSITION EVALUATION DESCRIPTION

PRODUCT MANAGER SENIOR

ACCOUNTABILTY OBJECTIVE
Identifica le esigenze di mercato presenti e future e sviluppa strategie e tattiche al fine di massimizzare i profitti dei prodotti assegnati, nel rispetto dei budget di spesa.
Propone il piano annuale di marketing, in termini di obiettivi, strategie e mezzi.
Studia e propone i programmi inerenti la pubblicità e la promozione dei prodotti assegnati.
Suggerisce le tecniche per migliorare gli interventi sul mercato e riposizionare, quando necessario, i prodotti.
Definisce il piano operativo relativo al lancio dei nuovi prodotti assegnati all'area terapeutica di cui è responsabile.

REPORTING RELATIONSHIP
La posizione riporta al Marketing Manager.

DIMENSIONS
Turn over dei prodotti assegnati.
Budget di spesa.

COMPETENCES REQUIRED
Laurea in discipline scientifiche o economiche.
Quattro-cinque anni di esperienza nel settore delle vendite di cui preferibilmente come ISF o nel marketing come PM junior. Ottima conoscenza della lingua inglese.
Sono indispensabili capacità di pianificazione ed organizzazione, analisi e soluzione dei problemi, capacità di lavorare in gruppo; sono anche richieste ottime comunicazioni sia orali che scritte, capacità di persuasione e di negoziazione.

Il reclutamento

Il reclutamento è definito come «la ricerca di persone suscettibili di assunzione in quantità e qualità necessarie a soddisfare alcune precise esigenze». L'unico argomento che vale affrontare, per quei capi che sono coinvolti già nelle fasi del reclutamento, è quello concernente le fonti.

SEGRETO n. 9: quanto più le fonti di reclutamento sono coerenti con il tipo di personale da assumere, tanto più la qualità dei candidati sarà elevata.

Vediamo allora quali fonti dovrebbero essere consultate a proposito del personale che si sta ricercando:

- Inserzione giornalistica. É il metodo più adatto per la ricerca di personale operaio, impiegatizio, venditori, agenti di commercio.
- Società di selezione. Indicate per lo stesso personale come sopra ma, in taluni casi, sono fonti attendibili anche per l'individuazione di candidati a posizioni di quadro.

- Società di cacciatori di teste. Sono le fonti più indicate per la ricerca ancora di quadri ma, soprattutto, di candidati a posizioni direttive.

  Scuole e istituti universitari. Indispensabili quando si è alla ricerca di neodiplomati o neolaureti in materie specialistiche. Sono esempi l'assunzione di geometri, periti, laureati in Economia e Commercio ecc.

- Società interinali. Valide per qualunque profilo non direttivo quando si sia deciso di non assumere direttamente i candidati.

- Inserzione nella bacheca aziendale. Sono da adottare quando si è certi di avere un numero sufficiente di qualificati candidati all'interno dell'azienda e si preferirebbe privilegiare i propri dipendenti.

- Raccolta di CV sul sito aziendale. Questo metodo sta diventando sempre più utilizzato anche per posizioni ad alta qualificazione. Il procedimento permette l'identificazione di un significativo numero di candidati, in tempi brevi e a costi veramente irrilevanti.

Il processo di selezione

Il processo di selezione consiste nell'individuazione del candidato che, avendo un profilo il più aderente possibile a quello descritto per il ruolo da ricoprire, è la persona da assumere (*Il reclutamento e la selezione del personale*, «Quaderni del personale», 21, Isper Edizioni).

Coscienti che i processi aziendali impongono, frequentemente, il rispetto di esigenze e tempistiche stringenti, ciò nondimeno vale ricordare che la mancata adozione di alcune precauzioni potrebbe inficiare, in modo determinante, l'identificazione del miglior candidato.

É necessario programmare le interviste in giorni e ore in cui sia possibile dedicare ai colloqui tutto il tempo necessario, senza essere pressati dalla operatività. È consigliabile non compiere alcuna assunzione quando nessuno dei candidati ti avrà ragionevolmente convinto: sii cosciente che questa posizione è difficile da sostenere, specie a fronte di pressioni gerarchiche o tecniche e comporta, comunque, l'impegno a mantenere i risultati attesi dalla tua unità.

I sacrifici che, sul momento, sarai costretto a compiere ti eviteranno il dover gestire, successivamente, prestazioni e comportamenti conflittuali che frequentemente sono messi in atto da dipendenti assunti per il posto sbagliato nel momento sbagliato. Fai attenzione, d'altro canto, a non prolungare all'infinito una selezione alla ricerca del candidato ideale che non esiste, poiché ciò ti porterebbe a rimanere paralizzato per eccesso d'analisi.

Un capo deve poter decidere non possedendo tutte le informazioni necessarie, lasciandosi anche guidare dall'istinto e dall'esperienza; le impressioni che ricevi nei primi quindici-venti minuti di colloquio sono importantissime.

SEGRETO n. 10: non usare le tecniche d'intervista per tentare di modificare l'impressione negativa lasciata da un candidato, ma usale per confermare una prima impressione positiva.

L'ultima osservazione riguarda la capacità d'interpretare risposte e comportamenti messi in atto dai candidati durante le interviste;

è assolutamente necessario evitare di tentare interpretazioni che richiederebbero conoscenze ed esperienze di natura psicologica.

É comunque possibile, come vedremo in seguito, trarre utili indicazioni sul profilo del candidato attenendosi a fatti e a informazioni facilmente controllabili. Le aziende dovrebbero d'altro canto tenere presente che un selezionatore efficace deve possedere, di fondo, alcuni requisiti come essere un buon comunicatore, capace di applicare l'ascolto attivo, essere un buon conoscitore dell'azienda, obiettivo nei giudizi e privo di pregiudizi.

Sediamoci ora idealmente alla nostra scrivania e verifichiamo di cosa abbiamo bisogno per condurre a termine una buona assunzione. Definiamo, per prima cosa, gli obiettivi delle interviste; sono due ugualmente importanti:

- verificare se le conoscenze, le capacità e i comportamenti espressi dal candidato nelle sue precedenti esperienze di vita e di lavoro sono coerenti con quelli richiesti dalla mansione/ruolo da svolgere;

- mettere il candidato in condizioni di valutare se l'azienda, la mansione e la retribuzione offerta sono coerenti con le sue aspettative.

In linea generale, per condurre una verifica approfondita, un candidato dovrebbe essere convocato per due o tre volte, con l'obiettivo di accertarne la personalità e le attitudini, di valutarne conoscenze e capacità e infine per concordare retribuzione, clausole contrattuali e data di assunzione.

Non è possibile porsi, nel colloquio di tipo psicologico, obiettivi interpretativi troppo ambiziosi, salvo che non si possieda una formazione specifica in tal senso; esiste però la possibilità, anche per coloro che provengono da culture di base completamente diverse, di raccogliere utilissime informazioni sul modo di ragionare del candidato, sul suo grado di coerenza e di affidabilità.

É indispensabile, almeno per le tue prime esperienze come intervistatore, usare un piccolo accorgimento tecnico; programmati quattro o cinque elementi chiave sui quali ritieni indispensabile formulare un giudizio. Stabilisci poi una scala di valori, ad esempio dall'uno al cinque, e alla fine dei colloqui esprimi la tua valutazione su ogni elemento; uno significherà che il candidato non ti ha per nulla convinto su quel punto e, per contro, cinque vorrà dire che sei rimasto completamente convinto. Fai un bilancio e trai le conclusioni.

Quali sono allora gli argomenti sui quali è utile sondare il candidato?

- Verificare cosa conosce dell'azienda, poiché le sue risposte possono fornirti utili indicazioni su diversi aspetti:
  a. ha raccolto molte informazioni, utilizzando diversi mezzi, ciò è dimostrativo di un interesse specifico, di spirito d'iniziativa, di voglia di ben figurare;
  b. se non conosce quasi nulla, è l'esatto opposto di prima ma, soprattutto, non si è posto il problema di ben figurare con l'azienda.

- Domandare quali vantaggi e quali svantaggi vede nell'appartenere alla sua attuale azienda. L'analisi che farà ti servirà a comprendere se, cambiando impresa, sarà o no in grado di eliminare o diminuire gli elementi d'insoddisfazione. Non è certo consigliabile assumere un candidato che, inserito nella tua azienda si troverà a dover gestire gli stessi problemi avuti con il suo precedente datore di lavoro.

- Controllare il modulo di assunzione compilato dal candidato. L'approfondimento delle informazioni sulla famiglia, sugli studi, sulle precedenti esperienze, sugli hobby, permette di delineare alcune caratteristiche della persona:

  a. il piano di studi è utile per valutare il senso di responsabilità e la tenacia del candidato, controllando se e in quanto tempo ha raggiunto l'obiettivo formativo, se si è reso più o meno indipendente dalla famiglia, se ha cambiato istituti, trasferendosi in sedi notoriamente più tolleranti;

  b. le precedenti esperienze sono interessanti, al di là dell'accertare i risultati ottenuti, per capire l'affidabilità, l'iniziativa e il grado di coerenza della persona. Poni attenzione quando ti trovi di fronte a un candidato che ha frequentemente cambiato azienda in un relativamente breve lasso di tempo. Ciò non è negativo in senso assoluto, ma lo diventa se i cambiamenti non sono motivati o da situazioni contingenti o da miglioramenti professionali. In questo caso si possono nutrire ragionevoli dubbi sulla capacità di giudizio della persona;

c. informazioni sugli hobby e sulle relazioni sociali possono aiutarti a definire l'aderenza del profilo del candidato con quello del ruolo in discussione. Prova a pensare quante probabilità di successo può avere, come venditore, una persona che non ama viaggiare, che non ha avuto da giovane una seppur minima esperienza sociale, che ha come unici hobby la lettura e il teatro. Egli sarà pure una degnissima persona, ma molto probabilmente più adatta a una mansione di sede che non di campo. Si possono, dunque, trarre segnali sulla capacità di relazione, sulla socievolezza e sulla leadership del candidato.

La tabella n.° 1 riassume, in funzione degli argomenti discussi e dei comportamenti evidenziatisi con le risposte del candidato, quali deduzioni si possono trarre sulle caratteristiche della persona che stiamo selezionando.

tab. 1 – Valutazione del profilo del candidato

Argomenti	Comportamenti	Caratteristiche
Analisi dei precedenti di studio	Risultati rispetto ai tempi; autonomia finanziaria; ragione degli indirizzi scelti.	Tenacia, approccio logico, senso di responsabilità.
Analisi dei precedenti professionali	Risultati ottenuti; aree di maggior o minor interesse.	Affidabilità, senso di appartenenza, iniziativa.
Motivazione all'eventuale cambiamento	Bilanci su mansioni e aziende; coerenza con i bilanci.	Capacità di giudizio, sincerità
Interessi extraprofessionali	Associazionismo; sport; servizio militare; hobby.	Capacità di relazione, socievolezza, competitività, leadership.

Altre informazioni, come in parte già detto, si possono derivare con approfondimenti sulla conoscenza dell'azienda, della mansione offerta, sulle motivazioni a cambiare azienda e sulla valutazione che il candidato fa di se stesso; la tabella 2 riassume le caratteristiche che possono essere messe in evidenza

tab. 2 – Valutazione del profilo del candidato

Argomenti	Comportamenti	Caratteristiche
Conoscenza dell'azienda	Ha approfondito o possiede la conoscenza solo di elementi non indicativi.	Iniziativa, lavoro per obiettivi.
Conoscenza della mansione	Conoscenza ottima, sufficiente, insufficiente.	Interesse al lavoro specifico
Quali fattori lo inducono a lasciare la sua azienda	Compie un'analisi realistica o rimane su concetti teorici, spesso contraddittori.	Capacità di giudizio, sincerità.
Quali sono le debolezze e quali i suoi punti di forza	Dimostra di conoscersi o non si è mai analizzato o tenta di nascondersi.	Atteggiamenti assertivi, fiducia in se stesso.

Dovremo poi dare al candidato la possibilità di conoscere l'azienda e valutare la posizione offerta; fermiamoci a riflettere su questo secondo obiettivo la cui validità è grandemente influenzata dalle caratteristiche temporali del mercato del lavoro. Le attese dei candidati si abbasseranno e si daranno disponibili a qualunque mansione e a qualsiasi contratto, purché questi assicurino loro una fonte significativa di guadagno, in momenti nei quali si riveli molto difficile trovare nuove opportunità d'impiego, con contratti di lavoro dipendente a tempo determinato o indeterminato.

Non si deve per questo essere avari di notizie, a maggior ragione se alcuni elementi caratterizzanti la nostra azienda sono tra quelli che la persona ha vissuto come svantaggi in precedenti esperienze. Certe contraddizioni possono essere usate per testare come il candidato reagisce in condizioni di stress, facendogli notare che, in caso d'assunzione, si potrebbe trovare a gestire situazioni simili a quelle che vuole abbandonare.

Si è affermato che un certo tempo dei colloqui dovrebbe essere dedicato all'accertamento delle capacità professionali del candidato, qualora la posizione in gioco preveda la maturazione di specifiche competenze. I candidati che fanno parte di una rosa finale, come nel nostro caso, devono arrivare a tale livello già accompagnati da verifiche sui risultati, ottenuti nelle precedenti mansioni: Chiunque sia responsabile di raccogliere queste informazioni dovrà aver consultato dati ricavabili da indagini di mercato, parlato con colleghi del candidato o con dipendenti della nostra azienda che lo conoscono, controllata l'attività di ricerca ecc.; in altre parole devono essere stati raccolti fatti e non impressioni.

Presta attenzione a non considerare sufficiente l'analisi del curriculum vitae; è certamente un importante elemento di valutazione ma, se non accompagnato da dati obiettivi, può talvolta rivelarsi ingannevole. Ha un significato solo per alcuni ruoli aziendali, prevedere, durante i colloqui, delle prove la cui realizzazione fornisce chiare e affidabili indicazioni sulle capacità del candidato. Esempi lampanti sono la traduzione di testi in lingue straniere, previste per alcuni livelli segretariali o la simulazione di una telefonata in lingua straniera; ugualmente efficaci possono essere la lettura di un bilancio o di un cedolino stipendi realizzabili rispettivamente con un candidato a posizioni finanziarie o con uno per l'amministrazione del personale.

L'accertamento delle capacità professionali, durante i colloqui di selezione, ha dunque una sua efficacia solo quando sia possibile utilizzare delle prove che riproducono reali situazioni aziendali; negli altri casi sarà necessario ricorrere alla raccolta d'informazioni prima di giungere ai colloqui finali o, in ultima analisi, consultando eventualmente referenze citate dal candidato.

Sono personalmente molto scettico sull'affidabilità delle informazioni raccolte dai referenzianti citati dal candidato; risultati più credibili si possono ottenere, utilizzando il così detto *"effetto palla di neve"*. Si chieda a uno o più referenzianti di segnalarci, laddove ne fossero a conoscenza, il nominativo d'altre persone in contatto con il candidato; la richiesta ripetuta più volte può portare a scoprire individui che, non condizionati da rapporti d'amicizia o parentela, potrebbero fornire notizie più attendibili sulla reale professionalità dell'interessato.

Tutte queste informazioni, in aggiunta a quelle rilevate da chi ha compiuto la scrematura iniziale, sono sufficienti a delineare con una buona precisione il profilo dei candidati finali. Ciò non significa che sia sempre possibile evitare errori d'assunzione ma, quando questi accadono, possono essere fatti risalire a tre o quattro condizioni:

- è stata data la preferenza alla persona che ha mostrato competenze superiori a quelle necessarie per la mansione oggetto di selezione;

- è stato espresso un parere positivo basato su una sola qualità, particolarmente apprezzata dal selezionatore;

- è stato assunto quel candidato che è la proiezione del suo futuro capo.

Accettato che è umanamente impossibile non compiere alcuno sbaglio, è interesse di un capo verificare, a posteriori, se il processo di selezione al quale contribuisce, è efficace o produce statisticamente troppi errori. Esistono due punti di controllo che possono aiutare a fare una diagnosi, seppure approssimativa; verifica se troppo frequentemente sei stato costretto a non confermare il candidato prima della fine del periodo di prova. Devi pensare, se così fosse, a errori macroscopici, poiché saresti costretto a rivedere la tua valutazione addirittura dopo poco tempo dall'assunzione.

L'altro momento è quello relativo alla prima valutazione che compirai sui dipendenti con esperienze intorno all'anno; laddove queste fossero frequentemente sotto le attese, ciò significherebbe che stai assumendo personale che stenta a inserirsi nel ruolo e, dunque, probabilmente con profili non adeguatamente coerenti con la mansione da svolgere. Cerca, in questi casi, di scoprire da dove si originano gli errori e poni rimedio il più rapidamente possibile.

SEGRETO n. 11: l'efficacia della squadra dipende direttamente dalla capacità di selezionare la persona giusta per ogni posizione.

È un classico l'obiettivo dei selezionatori professionisti: «La persona giusta, al posto giusto, nel momento giusto».

RIEPILOGO DEL GIORNO 2:

- SEGRETO n. 7: l'adozione del sistema delle competenze permette alle aziende d'ottenere due importanti risultati. Far crescere il livello generale delle prestazioni e comunicare ai dipendenti i comportamenti richiesti per il successo.

- SEGRETO n. 8: il primo passo da compiere sarà quello di descrivere, in poche righe, le responsabilità che giustificano l'80% dei risultati attesi dal detentore del ruolo.

- SEGRETO n. 9: quanto più le fonti di reclutamento sono coerenti con il tipo di personale da assumere, tanto più la qualità dei candidati sarà elevata.

- SEGRETO n. 10: non usare le tecniche d'intervista per tentare di modificare l'impressione negativa lasciata da un candidato, ma usale per confermare una prima impressione positiva.

- SEGRETO n. 11: l'efficacia della squadra dipende direttamente dalla tua capacità di selezionare la persona giusta per ogni posizione

GIORNO 3:

Come ottenere prestazioni eccellenti

Essere a capo di un team comporta il dover svolgere quattro fondamentali funzioni di supervisione: pianificazione, organizzazione, conduzione e controllo. Il processo di gestione delle prestazioni rappresenta, nell'ambito della conduzione e controllo, una delle maggiori e più impegnative responsabilità di un capo e, in certe posizioni, certamente la maggiore. Il processo, che ha un andamento ciclico annuale, contempla, infatti, tre momenti importanti nei rapporti capo-dipendente (figura 1):

- la fissazione degli standard di prestazione e obiettivi, sfidanti ma raggiungibili;

- il controllo dell'andamento delle prestazioni;

- l'assistenza al dipendente, per svilupparne capacità o correggerne gli errori.

Il ciclo si chiude con la preparazione di una valutazione complessiva, che descriva i risultati ottenuti e li confronti con gli obiettivi programmati. Questa sessione formale serve solo per confermare i feedback che sono stati dati durante l'anno; la valutazione di fine anno non dovrebbe mai rappresentare una sorpresa né per il dipendente né per il capo. Questo sistema, se ben sviluppato, aiuta dipendenti e supervisori a costruire efficaci rapporti di lavoro, a migliorare le prestazioni e ad aumentare la produttività.

fig. 1 – Processo di gestione delle prestazioni

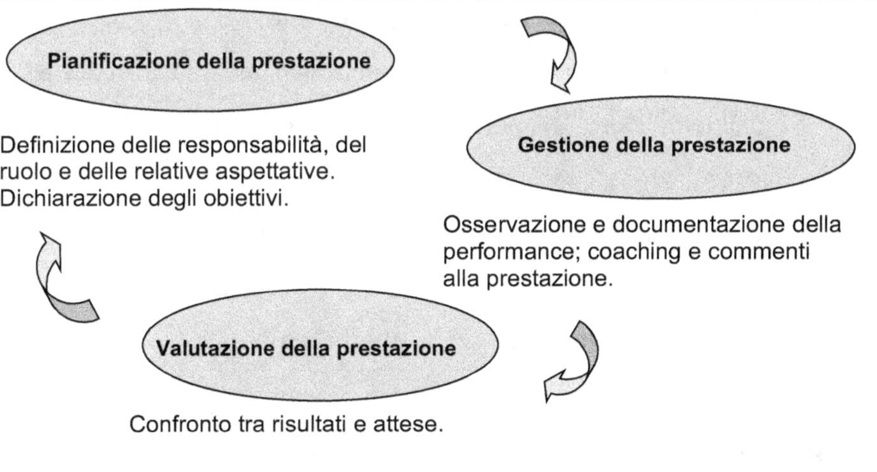

Molti dei comportamenti che saranno proposti nei prossimi capitoli si basano sulla convinzione che il personale rappresenta il vero "vantaggio competitivo" di un'azienda; questa non è una posizione velleitaria, ma è conseguenza di osservazioni, verificabili in aziende così dette "orientate alla persona":

- la gente vuole contribuire agli obiettivi alla cui definizione ha collaborato;

- l'immaginazione, la creatività e l'intelligenza sono ampiamente distribuite a tutti i livelli della forza lavoro;

- la maggior parte dei dipendenti è in grado di autogestirsi sul lavoro, se gliene è data l'opportunità;

- i processi organizzativi fondamentali sono più efficaci ed efficienti se le persone sono coinvolte nella loro formulazione e realizzazione;

- le prestazioni sono apprezzabilmente migliori se i dipendenti vengono informati sulle priorità, sulle risorse, sui sistemi di misura e sui risultati raggiunti.

Separo, per ragioni puramente di chiarezza espositiva, la gestione delle prestazioni così dette "normali" da quelle "devianti" o "deviate"; consideriamo nelle prime, prestazioni che portano a valutazioni leggermente sotto le attese, nelle attese o, in maniera più o meno spiccata, sopra le attese. Quelle deviate si riferiscono a dipendenti con valutazioni nettamente inferiori alle attese, conseguenza di comportamenti negligenti o, in taluni casi, propriamente fraudolenti.

Vedremo come la gestione di questi casi deve essere considerata un vero e proprio processo, che vede la stretta collaborazione tra i responsabili delle funzioni operative e quelli delle risorse umane.

La pianificazione della prestazione: obiettivi e standard di prestazione

Invito, idealmente, a pensarti seduto nelle tribune di uno stadio dove sono in corso delle gare di atletica; lo strano di questo stadio è che non è presente alcuna apparecchiatura di misura. I saltatori in alto non devono scavalcare alcuna asticella e quelli in lungo non hanno coscienza della lunghezza dei loro salti; sulle piste non è indicato dove finiscono i 100, 200 e 400 metri e, quindi, i velocisti non sanno dove fermarsi. I tabelloni non indicano tempi e record poiché mancano i riferimenti. L'esempio ti farà sorridere, ma questo è quello che accade in un'azienda che non definisce standard e obiettivi di prestazione. I capi non potranno, oggettivamente, valutare le prestazioni dei loro dipendenti, motivarli o correggerli, proporre riconoscimenti economici, identificare i candidati a posizioni di maggior responsabilità.

SEGRETO n. 12: è necessario dotarsi di un sistema di riferimento per comunicare ai dipendenti, in modo chiaro, le attività e le responsabilità attese da una determinata posizione e per valutare i livelli di prestazione forniti.

Sarebbe compito dei responsabili del personale descrivere il sistema di riferimento ma, laddove questa funzione non esistesse, torna utile l'approccio descritto nel modello delle competenze. I supervisori sono, infatti, coloro che, con maggior cognizione di causa, possono estrarre da qualunque sistema di riferimento gli standard di prestazione e/o definire gli obiettivi individuali per i propri dipendenti. Chiariamo prima di tutto la differenza tra standard e obiettivi:

- lo standard di prestazione è un risultato, ottenibile con un certo sforzo, da tutti i possessori dello stesso ruolo e che, se raggiunto, rientra nelle normali attese dell'azienda.

- l'obiettivo è un risultato, indifferentemente qualitativo o quantitativo, di natura individuale che, se raggiunto, permette di correggere deviazioni od ottenere risultati sopra le attese aziendali.

La stesura di standard e obiettivi presuppone il rispetto di alcune regole o precauzioni:

- devono essere specifici, misurabili, raggiungibili e definiti nel tempo;
- l'azienda deve poter fornire ai capi i mezzi per valutare il grado di raggiungimento;
- i valori richiesti devono essere raggiungibili con sforzo ma anche superabili, altrimenti possono produrre solo demotivazione;
- gli obiettivi possono essere scelti tra i progetti della direzione, possono derivare da progetti di miglioramento individuale, possono essere parte integrante di obiettivi di reparto;
- due/tre obiettivi per anno sono sufficienti;
- devono essere studiati, proposti e concordati all'inizio di ogni nuovo anno.

SEGRETO n. 13: standard e obiettivi dovrebbero essere concordati durante il processo di valutazione; terminata l'analisi di quanto accaduto e raggiunto nell'anno precedente, si dovrebbe subito progettare cosa fare per l'anno entrante.

Sono tempi molto stretti e difficili da rispettare ma pensa che effetto può fare al tuo collaboratore discutere dei nuovi obiettivi verso maggio o giugno, quando è già trascorso mezzo anno; se ti è capitato, conoscerai già le reazioni dei dipendenti! Riprendiamo allora l'esempio del responsabile di prodotto, analizzato nel capitolo dedicato alle competenze e partiamo proprio dalla definizione delle responsabilità: «Identifica le esigenze di mercato e sviluppa strategie e tattiche al fine di massimizzare i profitti dei prodotti assegnati, nel rispetto del budget di spesa».

Domandiamoci cosa amministra, cosa gestisce, quali risultati deve produrre e, di seguito, estraiamo dalla frase tutti quei concetti che possono giustificare la definizione di uno standard:

- sviluppare strategie e tattiche;
- massimizzare i profitti;
- rispettare i budget di spesa.

Lo sviluppo di strategie e tattiche può implicare il rispetto di una certa tempistica, l'analisi della concorrenza, l'individuazione di nuovi clienti ecc.; è indubbio che il responsabile, ogni anno, dovrà preparare i piani entro date che siano compatibili con le esigenze di business. Uno standard potrebbe dunque essere: «Presentare alla direzione marketing i piani di prodotto al massimo entro la fine di gennaio».

Una seconda formulazione potrebbe prendere in considerazione la concorrenza ed i clienti; ad esempio: «Realizzare ogni anno un'analisi delle attività della concorrenza, minimo su due o tre dei prodotti assegnati», o «Mettere a punto la campagna promozionale sui clienti chiave, non oltre il marzo di ogni anno». La massimizzazione del profitto richiede un chiarimento; dobbiamo stabilire se quella responsabilità è condivisa o meno. Il responsabile di prodotto avrà certamente un budget di spesa, ma sul prodotto graveranno anche i costi della funzione vendita, dunque il profitto sarà una responsabilità condivisa. Sono assegnabili, pertanto, standard sulle vendite, quote di mercato, incrementi su anno precedente, indici di penetrazione ma, nel processo di valutazione, dovrà essere tenuta presente la condivisione di responsabilità.

Questi standard sono i più facili da esprimersi, poiché sono ben quantizzabili e, a certe condizioni, ben controllabili; esempi classici sono: «Incrementare le vendite sull'anno precedente del 5% con una variazione del +/- 0,5%», o: «Raggiungere, per il prodotto A una quota di mercato del 2% con una variazione del +/- 0,1%».

Il rispetto dei budget di spesa non merita particolari commenti, se non ripetere che si deve sempre prevedere un intervallo di risultati accettabili, per poter poi esprimere una corretta valutazione su quelli ottenuti dal dipendente. Abbiamo anticipato che gli obiettivi possono essere sia qualitativi sia quantitativi e possono essere previsti per supportare quelli della direzione, per completare quelli del team d'appartenenza o per correggere proprie deviazioni. Vediamo allora, sempre per il nostro responsabile di prodotto, quali obiettivi possono essere considerati nelle diverse ipotesi.

Ipotizziamo che la direzione voglia aumentare la percentuale di utile dopo le spese; se già non è stato espresso come standard di prestazione, un classico obiettivo sarà: «Rispettare il budget di spesa, assegnato, con una Δ del +/- x%». Nel caso il budget di spesa sia usato come obiettivo, l'intervallo di rispetto sarà molto più stringente o, addirittura, potrebbe essere previsto un risparmio rispetto alle normali attese aziendali.

Mi preme sottolineare di porre la massima attenzione a che, da un lato, non ci sia sovrapposizione tra standard e obiettivi e, dall'altro, non ci sia, soprattutto contraddizione. Gli obiettivi, derivanti dall'appartenenza a un certo gruppo, sono quasi sempre di carattere quantitativo e, normalmente, sono presi in considerazione quando il team di appartenenza deve produrre un certo sforzo, per portare risultati in media con quelli di altri gruppi. Il nostro responsabile di prodotto dovrà appartenere a un business team e, pertanto, saranno validi tutti quegli obiettivi indirizzati a migliorare quote di mercato, indici di penetrazione, medie di vendita ecc.

Non rimane che considerare l'ipotesi di traguardi individuali, progettati per correggere proprie deviazioni; sono obiettivi qualitativi da ricercarsi, di norma, tra le competenze e i comportamenti richiesti per gestire, al meglio, il proprio ruolo. É molto coerente, ad esempio, per un responsabile di prodotto, sapere effettuare eccellenti presentazioni.

Far approvare dalla direzione di linea i piani di prodotto dipende, ovviamente, dalla bontà degli stessi ma, in parte, anche dall'abilità con cui sono presentati. Un obiettivo, in caso di scarsa capacità sotto questo profilo, potrebbe pertanto prevedere il miglioramento della propria tecnica di comunicazione, attraverso la partecipazione a corsi sull'argomento.

I colloqui capo-dipendente

I colloqui capo-dipendente sono, per definizione, lo strumento più efficace di gestione delle prestazioni. Essi, infatti, secondo la tipologia, si collocano nei diversi momenti del ciclo di gestione delle prestazioni; inizialmente avremo il colloquio per la fissazione degli obiettivi, a seguire, quando necessario, il colloquio motivazionale, il colloquio di counseling, quello di correzione e, infine, quello di valutazione.

Vediamo, prima di addentrarci nelle caratteristiche dei singoli colloqui, come:

- definire le circostanze che li rendono necessari;

- identificare quali possono essere gli ostacoli da superare;

- pianificare correttamente tali incontri;

- condurre i colloqui stessi.

SEGRETO n. 14: gli incontri capo-dipendente favoriscono lo sviluppo della reciproca conoscenza, aiutano dipendenti a crescere e migliorarsi, li impegnano a correggersi e, infine, permettono all'azienda di raccogliere informazioni di ritorno.

Gli ostacoli che, normalmente, si frappongono tra la volontà di effettuarli e l'effettiva realizzazione sono due: la mancanza cronica di tempo, che spesso fa mettere in seconda linea questa attività e l'essere coscienti che alcuni incontri possono essere spiacevoli ed imbarazzanti. É certamente facile e piacevole riconoscere a un dipendente il buon lavoro fatto, comunicare un miglioramento economico o uno sviluppo di carriera.

È, invece, un compito ingrato comunicargli una valutazione negativa, negare una richiesta di aumento salariale, convincerlo che non ha le caratteristiche per aspirare a mansioni più elevate delle sue attuali. Un capo però non può derogare alle responsabilità che l'azienda gli ha affidato nel momento in cui lo ha posto alla guida di un gruppo di dipendenti e, dunque, deve accettare onori e oneri.

La pianificazione degli incontri è un aspetto che richiede attenzione; s'impone la scelta del posto e del momento giusto ma, soprattutto, occorre arrivarci avendo predisposto la strategia da seguire. Questi colloqui richiedono normalmente riservatezza e, per questo, se capitasse di non poterli tenere in un ufficio, sarei cauto nello scegliere bar, sale d'aspetto di aeroporti o hall di alberghi.

Altro elemento di grande disturbo è la fretta; lascia stare se non sei psicologicamente predisposto. Correresti il rischio di ottenere il risultato esattamente opposto a quello che ti auspicavi. Occorre, infine, avere le idee chiare sul copione da seguire; domandati se hai in mano sufficienti fatti da esporre e se sei riuscito a delineare gli obiettivi da raggiungere.

La conduzione di questi incontri, sebbene abbia caratteristiche diverse secondo il tipo di colloquio da realizzare, deve rispettare alcuni elementi di carattere generale:

- il dipendente va messo a suo agio;

- tu devi concentrarti sui fatti e non sulle emozioni;

- devi applicare l'ascolto attivo;

- parlerai solo per il 20% e per il resto del tempo sarai attento a capire cosa sta dicendo il dipendente.

Vediamo allora quando organizzare questi incontri e come condurli.

Colloqui per la fissazione degli obiettivi

Questo colloquio dovrebbe avvenire a inizio di anno; il condizionale però è d'obbligo poiché spesso, a causa del lungo processo di approvazione a cascata, la discussione sugli standard e/o sugli obiettivi avviene a primavera avanzata, quando già una parte significativa dell'anno è trascorsa. Il punto focale di questi incontri è sempre quello di ottenere il consenso e la reale partecipazione del dipendente; contrariamente a quanto troppo spesso accade, un capo dovrebbe avere un seppur piccolo margine di flessibilità nello stabilire gli obiettivi con i singoli uomini.

Ciò permette di ascoltare le valutazioni e i suggerimenti dei dipendenti e, laddove siano condivisibili, tenerne almeno parzialmente conto; in caso contrario il colloquio è nella realtà un monologo con il quale il capo comunica ai suoi collaboratori gli obiettivi da raggiungere. Un margine di flessibilità permetterebbe al capo, pur mantenendo fermo l'obiettivo di gruppo, di ridistribuire i risultati attesi secondo un approccio sicuramente motivante per il singolo dipendente.

Colloquio motivazionale

Non esiste un momento preciso per realizzare questo tipo d'incontro che è legato all'evoluzione delle prestazioni, dei comportamenti e degli atteggiamenti del dipendente. É il colloquio che richiede la più elevata capacità d'ascolto e, se ben condotto, permette di cogliere i così detti segnali deboli, i quali sono degli indicatori del clima aziendale. La decisione di quando farlo, a differenza del successivo colloquio di counseling, non presuppone l'esistenza di una deviazione nell'attività del dipendente; è utile programmarlo quando si vuol far arrivare al nostro uomo un apprezzamento per i suoi risultati, quando si voglia motivarlo su importanti cambiamenti nelle politiche o nell'organizzazione della società, quando si è notato un calo di motivazione nell'uomo e non se ne conoscono le ragioni.

Questi colloqui richiedono molta attenzione sul come si vuole ottenere la motivazione del dipendente; questo è l'obiettivo, ma non può essere ottenuto ad ogni costo. Bisogna dunque evitare atteggiamenti manipolatori e fare promesse che non si è certi di poter mantenere; meglio parlare con franchezza, guadagnandosi il rispetto del dipendente per non aver cercato d'ingannarlo.

Colloquio di supporto (counseling)

Va organizzato quando il dipendente ha la capacità e la volontà di correggere una deviazione, quando esprime dubbi, non motivati, sul suo percorso di carriera, sulla valutazione, inquadramento e stipendio. Individua i punti di forza della persona e fai leva su questi per farlo correggere, evita di fare promesse che non puoi mantenere ed esponi la posizione aziendale con la massima franchezza; il dipendente deve comunque percepire che l'azienda ha ancora fiducia in lui e che tu, se necessario, sei disposto ad aiutarlo. Deve rimanere una traccia scritta degli accordi presi, meglio se firmata dall'interessato.

Colloquio a correzione

È da considerare quando ci troviamo ad affrontare una deviazione di tipo comportamentale del dipendente che, malgrado tutti gli interventi messi in atto dall'azienda per aiutarlo, continua a persistere nel suo atteggiamento. Egli dunque non mostra alcuna volontà di correggere la deviazione. Tale tipo di colloquio si rende opportuno anche quando ci troviamo di fronte a un dipendente che, senza motivo, si lamenta del suo inquadramento, dello stipendio, di qualche politica aziendale, evidenziando un atteggiamento critico generalizzato. É l'unico colloquio dove è il capo che deve parlare più di quanto non debba ascoltare.

Evitare, nella conduzione dell'incontro, di erigersi a giudice del dipendente, concentrando commenti e valutazioni su cosa la persona ha fatto o non ha fatto; è altrettanto sconsigliato fare paragoni con colleghi o altri dipendenti. Obiettivo dell'incontro è di tracciare un processo di miglioramento che, idealmente, dovrebbe trovare l'accordo dell'interessato. Non è infrequente però che, giunti a questo stadio dei rapporti, il dipendente non sia disponibile a sottoscrivere un piano di miglioramento prospettato dall'azienda. Ciò non toglie che il piano deve essere mantenuto, verbalizzato e fatto pervenire al dipendente per posta o per e-mail.

Colloquio di valutazione

Intendiamo per colloquio di valutazione quello durante il quale il capo prospetta a un suo uomo il grado di soddisfazione aziendale per i risultati da lui raggiunti nel corso di un anno. Il dipendente dovrebbe arrivare a questo appuntamento formale di fine anno, se il capo ha ben agito, sapendo già che valutazione riceverà; ciò non esime il capo dal doversi preparare a questo colloquio con molta cura.

I processi di valutazione possono essere semplici o complessi ma, in entrambi i casi ci si trova di solito a esprimere un giudizio su aspetti quantitativi e qualitativi della prestazione. Gli aspetti quantitativi si riferiscono a elementi misurabili della prestazione (vendite, spese, pezzi, standard, tempi); quelli qualitativi sono collegati a comportamenti, capacità, conoscenze, caratteristiche personali.

Un capo, se vuole avere riconosciuta la propria leadership, deve sostenere la valutazione con fatti precisi e non limitarsi a generiche espressioni di soddisfazione o di disapprovazione; ciò implica che in quella sede si debbano produrre materiali e osservazioni raccolti durante l'anno a sostegno del nostro giudizio.

La valutazione del personale

Il ciclo relativo alla gestione delle prestazioni vede, normalmente alla fine di ogni anno, il capo impegnato nella valutazione dei suoi collaboratori.

SEGRETO n. 15: il processo di valutazione ha diverse finalità. È alla base di qualunque sistema premiante, è necessario per fare "l'inventario" delle risorse umane ed è utile per pianificare l'addestramento e l'eventuale sviluppo del personale.

Non esiste un sistema ideale e veramente oggettivo; è ben noto, alle funzioni del personale, che un qualunque processo, per quanto complesso, dà pessimi risultati quando usato in modo scorretto. È possibile, per contro, ottenere risultati più che soddisfacenti con metodi relativamente semplici ma utilizzati con convinzione.

Non è, pertanto, mia intenzione suggerire l'adozione di un sistema piuttosto che un altro; credo sia più produttivo ragionare su tutto ciò che un capo deve fare per arrivare a esprimere una valutazione, la più oggettiva possibile, indipendentemente dal metodo usato.

È però chiaro che, alla base di un'oggettiva valutazione, devono esistere due condizioni:

- disporre di standard e/o obiettivi di prestazione;
- disporre di adeguati mezzi per controllare il raggiungimento o meno delle attese fissate.

Sarà sempre possibile esprimere una valutazione ma, in mancanza delle succitate condizioni, aumenterà il livello di soggettività e, di conseguenza, diminuirà il grado di accettazione da parte dei dipendenti.

Un sistema di valutazione dovrà rispettare tanti più criteri quanto più la cultura aziendale lo vorrà rendere un processo trasparente. Considera la seguente scala di valori e decidi a quale realtà operativa appartieni:

1. Non esiste un processo di valutazione del personale.

2. Non esistono né standard né obiettivi; la valutazione è demandata, in maniera totalmente soggettiva, ai capi.

3. Esistono standard e/o obiettivi e la valutazione è preparata dai capi ma presentata, per l'approvazione, ai propri superiori.

4. Sono definiti standard, obiettivi e competenze e la valutazione è approvata come sopra.

5. Stesse condizioni di prima ma la valutazione è presentata a una commissione di valutazione.

6. Stesse condizioni di prima ma la valutazione è espressa da diverse figure aziendali quali il capo, un collega, un subordinato e, se del caso, un cliente interno.

Il primo passo è, come più volte ripetuto, quello di definire in qualche modo il sistema di riferimento; rimando, per questo aspetto a quanto già trattato sul sistema delle competenze e sulla pianificazione delle prestazioni.

Nelle situazioni aziendali, riportabili ai casi 1 e 2, i capi, seguendo il processo suggerito, potranno in ogni modo tentare di dare un minimo di oggettività alla valutazione dei loro dipendenti. Dobbiamo però, contemporaneamente, verificare quali mezzi di controllo avremo a disposizione, per valutare il grado di raggiungimento dei risultati attesi.

Possiamo trovarci di fronte a tre situazioni: a) non è previsto alcun mezzo; b) si hanno a disposizione solo dati aziendali; c) oltre ai dati aziendali vengono forniti rilevamenti di mercato, compiuti da ditte specializzate. Il caso "a" è del tutto anomalo e presuppone una precisa volontà di occultamento dei dati aziendali; in questa situazione, purtroppo, i capi potranno esprimere valutazioni soggettive solo su aspetti di natura comportamentale. Suggerirei di prendere in considerazione la capacità di organizzazione, di pianificazione, lo spirito di collaborazione, la flessibilità, la fiducia in se stesso, i rapporti interpersonali, l'orientamento ai risultati e la perseveranza; quali e quanti aspetti considerare dipenderà dalla posizione che intendiamo valutare. Esiste un mezzo che, pur rimanendo nel soggettivo, ti permetterà di esprimere un giudizio sufficientemente corretto.

SEGRETO n. 16: studi di psicologia industriale hanno individuato, infatti, alcuni comportamenti che, se messi in atto da un individuo, dimostrerebbero l'adeguato possesso di una determinata capacità.

In appendice troverai una piccola libreria relativa alle capacità o caratteristiche sopra citate; studiando i comportamenti dei tuoi dipendenti e confrontandoli con quelli descritti nelle tabelle sarai in grado di esprimere una valutazione, se non altro sulle loro capacità e caratteristiche personali. Ipotizziamo ora che sistemi di controllo esistano; è chiaro che diventa necessario calibrare la scelta degli standard di prestazione con il tipo di sistema. Riprendiamo l'esempio dell'ormai noto responsabile di prodotto, che ben si presta a chiarire questo aspetto. La scelta di standard quali quote di mercato e indici di penetrazione è possibile solo se si può accedere ai dati di indagini di mercato specializzate.

Si possono, per contro, fissare obiettivi sui volumi di vendita, sulle percentuali di incremento, sui budget di spesa, disponendo dei soli dati aziendali. I capi che operano in realtà come quelle descritte ai punti 3 e 6, con un preciso sistema di riferimento e con adeguati mezzi di controllo, devono solo prepararsi a compiere una serena valutazione dei loro dipendenti.

Non esiste miglior sistema, anche se viviamo in aziende con un'informatizzazione diffusa, che avere una semplicissima cartellina per ogni dipendente; unica accortezza sarà di raccogliere nella cartellina qualunque documento possa diventare utile per esprimere la valutazione. Sono importanti appunti presi durante le riunioni, verbali dei colloqui, il controllo saltuario dei risultati ottenuti, copie di posta elettronica ecc. Questo accorgimento è doppiamente vantaggioso:

- permette di avvertire il dipendente, qualora si evidenziasse, in corso d'opera, un significativo scostamento dai risultati e comportamenti attesi, dandogli così l'opportunità di tentare una correzione;

- facilita, a fine anno, la ricostruzione di un quadro della situazione, senza inutili e, talvolta, inefficaci sforzi di memoria.

Coloro che non dispongono di un processo gestito dall'azienda e che sono totalmente responsabili delle valutazioni espresse, devono definire un ulteriore aspetto, per completare il loro personale sistema di riferimento.

È necessario, infatti, stabilire una scala di valori con la quale andranno differenziati i diversi contributi dati dai singoli dipendenti. È abbastanza diffusa una scala a cinque livelli, che ben riassume le possibili valutazioni finali:

DIA – decisamente inferiore alle attese

IA – inferiore alle attese

NA – nelle attese

SA – superiore alle attese

EC – eccellente

È utile sapere che, ragionando sui grandi numeri, nelle aziende private si ha una distribuzione gaussiana delle valutazioni; un 2-5% di queste risulta decisamente inferiore alle aspettative, un 2-5% si concentra nell'eccellenza, un 10% sarà inferiore e un 10% superiore alle aspettative. Il rimanente 70% circa rispecchierà una valutazione nelle attese.

Un ultimo brevissimo cenno a un argomento che interessa, in primis, la direzione dell'azienda e la funzione risorse umane; laddove il processo sia quali-quantitativo e cioè si vogliano considerare sia i risultati che i comportamenti espressi, che peso è giusto dare ai due diversi elementi? Non sottovalutare mai il tuo ruolo di valutatore; l'argomento nasconde, per i capi, qualche tranello che potrebbe portarli ad avere facili critiche ai loro giudizi.

Premesso che l'orientamento più diffuso è di dare un peso di 70/80 ai risultati e di 30/20 ai comportamenti, un grafico chiarirà gli aspetti critici di queste valutazioni. Se riportiamo su assi cartesiani i valori ottenibili per risultati e comportamenti, teoricamente si possono presentare quattro combinazioni (figura 3).

fig. 3 – Valutazioni quali-quantitative

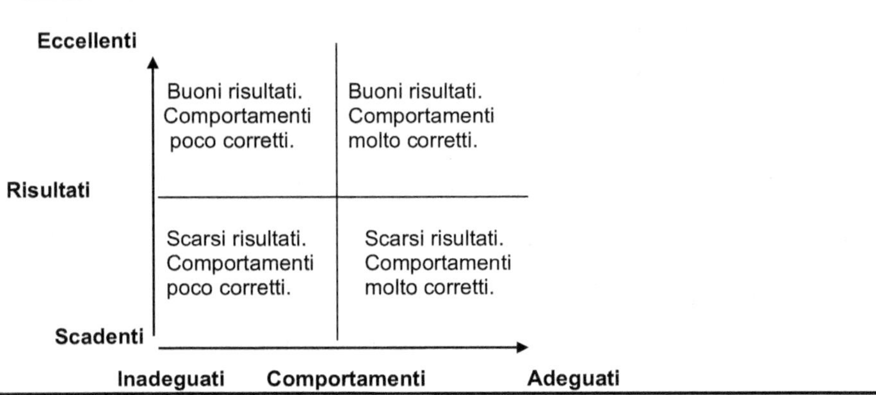

Suggerisco molta attenzione prima di proporre valutazioni in cui, a fronte di risultati scadenti, s'intendesse riconoscere al dipendente la messa in pratica di comportamenti adeguati al ruolo.

Questa è una situazione puramente teorica che non ha riscontro nella realtà, fatte salve rarissime eccezioni; se io fossi il tuo capo sarei portato a pensare che stai avendo un atteggiamento troppo tollerante verso quel dipendente, assegnandogli una valutazione più alta del dovuto.

Problema diverso qualora ti trovi a sostenere la combinazione "buoni risultati-comportamenti non corretti"; in questo caso esistono, di norma, due spiegazioni:

- il sistema di controllo non è preciso e, per qualche motivo, al dipendente in questione sono riconosciuti risultati prodotti da altri colleghi;

- esiste tra te e il dipendente un latente stato conflittuale che ti porta a essere molto severo nel valutare i suoi comportamenti.

La combinazione in discussione ti dovrebbe, dunque, portare a verificare l'efficienza dei mezzi di controllo o a non farti influenzare dal conflitto in atto. Un'ultima osservazione che riguarda invece la combinazione "ottimi risultati-ottimi comportamenti"; ogni capo si augura di avere tanti dipendenti in questa situazione e ciò è certamente più che auspicabile. Esiste un unico rischio; se tu e l'azienda non siete in grado di premiare queste prestazioni preparati, prima o poi, a perdere il dipendente.

RIEPILOGO DEL GIORNO 3:

- SEGRETO n. 12: è necessario dotarsi di un sistema di riferimento per comunicare ai dipendenti, in modo chiaro, le attività e le responsabilità attese da una determinata posizione e per valutare i livelli di prestazione forniti.

- SEGRETO n. 13: standard e obiettivi dovrebbero essere concordati durante il processo di valutazione; terminata l'analisi di quanto accaduto e raggiunto nell'anno precedente, si dovrebbe subito progettare cosa fare per l'anno entrante.

- SEGRETO n. 14: gli incontri capo-dipendente favoriscono lo sviluppo della reciproca conoscenza, aiutano dipendenti a crescere e migliorarsi, li impegnano a correggersi e, infine, permettono all'azienda di raccogliere informazioni di ritorno.

- SEGRETO n. 15: il processo di valutazione ha diverse finalità. È alla base di qualunque sistema premiante, è necessario per fare "l'inventario" delle risorse umane ed è utile per pianificare l'addestramento e l'eventuale sviluppo del personale.

- SEGRETO n. 16: studi di psicologia industriale hanno individuato alcuni comportamenti che, se messi in atto da un individuo, dimostrerebbero l'adeguato possesso di una determinata capacità.

GIORNO 4:

Come gestire i conflitti

Esistono specifiche situazioni aziendali in cui è evidentissima l'enorme dispersione di denaro ed energie, come conseguenza della scarsa attitudine di molti capi a gestire situazioni di confronto con il personale, non essendo sufficientemente preparati ad affrontarle con comportamenti flessibili e adeguati alle problematiche.

Gli specifici periodi di vita aziendale, in cui è molto elevato il rischio che insorgano situazioni conflittuali tra azienda e dipendenti, sono quelli conseguenti a:

- cambiamenti della missione aziendale;
- cambiamenti nella cultura d'impresa;
- cambiamenti del vertice dell'azienda;
- processi di mobilità/cassa integrazione;
- processi d'acquisizione/fusione;
- processi di ristrutturazione.

É in questi casi che i capi si trovano ad affrontare situazioni di potenziale conflitto con maggior frequenza del normale e, potenzialmente, con tutta la popolazione dei dipendenti. Esistono, inoltre, anche gruppi di persone che, per le più svariate ragioni, non rispondono alle politiche di gestione, basate sulla motivazione e partecipazione.

Non si può, infine, escludere che collaboratori normalmente con comportamenti assertivi abbiano momenti conflittuali con il capo per differenze culturali, nei principi, nei valori e nei processi decisionali. Sono dunque numerose le occasioni nelle quali un capo è chiamato in ogni modo a gestire, in prima persona, dei conflitti.

Questi non sono, per definizione, negativi; il confronto di opinioni e la polemica, quando costruttiva, possono rivelarsi momenti di crescita sia per il gruppo ma anche per il capo. È però importante non lasciarli degenerare, mettendo a rischio il buon andamento dell'organizzazione. L'intervento del capo, quando si delinea questo rischio, può e deve essere autoritario; ma ciò è giustificato solo se, prima, ha realmente tentato di gestire il conflitto! Affrontare questo argomento implica un seppur minimo approfondimento psicologico per comprendere i motivi più o meno evidenti che spingono gli individui a comportarsi in modi diversi, quando si trovano a gestire situazioni di confronto o scontro a livello interpersonale.

Una delle teorie di più immediata comprensione è quella proposta dall'analisi transazionale; se si analizza quello che normalmente accade nelle relazioni tra individui, ci accorgiamo che queste si realizzano attraverso scambi d'idee, parole, gesti e sentimenti.

L'analisi transazionale (A.T.), per quello che a noi interessa, dimostra che gli scambi che avvengono tra gli individui sono vere e proprie transazioni (da qui il suo nome), condizionate dai comportamenti che gli individui mettono in atto nelle relazioni interpersonali, comportamenti, a loro volta, influenzati dagli atteggiamenti di vita dei singoli. Un conflitto, secondo questo modo di vedere, non è altro che una transazione critica, che potrebbe portare alla rottura delle relazioni tra le persone in causa; l'A.T. propone una propria metodologia, per consentire al singolo di capire le sue scelte di comportamento e permettergli, volendo, di modificarle e realizzare meglio i propri obiettivi. L'A.T. è particolarmente utile nei processi formativi aziendali ma, ai nostri fini, hanno maggior immediatezza e praticità le teorie sugli stili dominanti di comportamento.

Gli individui, secondo queste teorie, di fronte alla scelta se porre maggiore attenzione al raggiungimento dei propri obiettivi o al mantenimento di buone relazioni sociali, si possono comportare in modi completamente diversi, che possono essere classificati e riconosciuti in quattro stili fondamentali: *estroverso, dominante, analitico, socievole.*

L'ultimo aspetto da considerare è la così detta "capacità d'influenzamento". Studi di psicologia comportamentale hanno rilevato che le persone, nel tentativo di convincere i propri interlocutori, mettono in atto tre diversi tipi di strategia, con probabilità di successo notevolmente differenziate: soft sell, hard sell e win-win.

SEGRETO n. 17: è comprensibile che se, attraverso adeguate schematizzazioni, ciascuno potesse identificare i propri stili

dominanti e quelli dei suoi interlocutori, la gestione e risoluzione dei conflitti ne verrebbero enormemente facilitate.

Questi schemi esistono ed è esattamente quello che andremo ad approfondire nelle prossime pagine. Dobbiamo logicamente iniziare con l'analisi sugli stili di comportamento; lo scopo sarà quello d'identificare il proprio stile dominante, essere in grado di riconoscere lo stile prevalente del proprio interlocutore e valutare le aree di potenziale conflitto fra i diversi stili.

I due valori, che agiscono come forze in direzioni opposte, sono la *tensione verso l'obiettivo* e quella verso *le relazioni interpersonali*; poniamo le due forze su degli assi cartesiani e con il punto zero identifichiamo il punto di perfetto equilibrio tra le due tensioni (figura 1).

Proviamo, prima di tutto, a posizionare sul grafico lo stile di comportamento verso il quale tendiamo; la prima verifica da compiere è di vedere se ci troviamo al di sopra o al di sotto del piano delle ascisse, confrontando i nostri comportamenti relativi alle relazioni interpersonali (tensione verso R + oppure R -).

fig. 1-Stili di comportamento

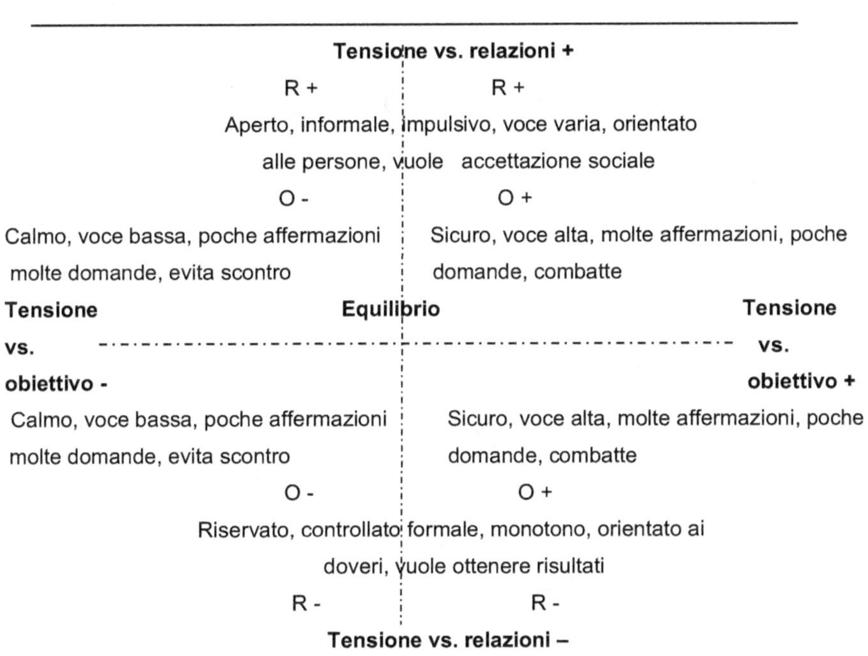

Coloro che hanno una forte propensione verso queste relazioni, di norma, sono persone aperte, informali, impulsive e con una forte necessità di accettazione sociale.

Gli individui, sul versante opposto, con una scarsa tensione verso queste relazioni sono, in genere, riservati, formali, rispettosi di compiti e doveri e con un forte bisogno di risultati concreti. Il secondo passaggio sarà di determinare i comportamenti relativi alla tensione verso gli obiettivi, verificando se ricadiamo nei quadranti di destra o di sinistra (tensione verso O + oppure O -).

Chi ha una forte tensione verso gli obiettivi è individuo deciso, sicuro, parla a voce alta, fa poche domande ma molte affermazioni ed è un combattente. Chi, invece, ha una minor tensione, è persona calma, parla a bassa voce, fa poche affermazioni e molte domande e, se possibile, evita gli scontri .È facilmente intuibile che questi profili sono estremizzati e puramente teorici in quanto ognuno di noi, nella realtà, ha comportamenti che sono la risultante di un mix di tensioni diverse; abbiamo però determinato a quale quadrante dobbiamo riferirci per capire il nostro profilo dominante.

È ovvio che all'interno di ogni quadrante sono numerose le combinazioni possibili ma esse possono, comunque, fare riferimento a quattro modelli principali (figura 2). È possibile avere un'idea più precisa sul proprio profilo dominante, compilando, in Appendice, il test d'autovalutazione sugli atteggiamenti dominanti.

fig. 2 – Stili dominanti di comportamento

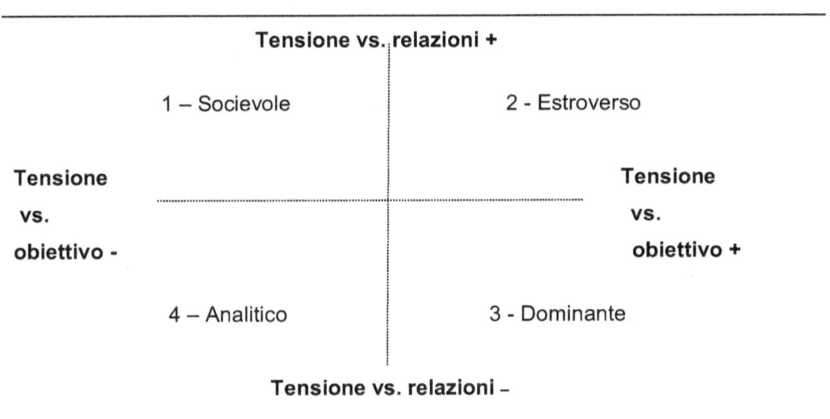

Il posizionamento nel quadrante N. 1 risponde al modello "Socievole". Queste persone hanno comportamenti amichevoli e collaborativi, preferiscono ottenere risultati con flessibilità per cui non s'impongono con l'autorità. Hanno bisogno di tempo per prendere le decisioni, in quanto, per evitare eccessivi rischi, ricercano il conforto degli altri. Forte la necessità di accettazione sociale. Questo profilo, come del resto tutti gli altri, è caratterizzato da alcuni comportamenti efficaci e altri inefficaci.

Le persone appartenenti al profilo socievole sono ascoltatori attivi, sono collaborativi e hanno uno spiccato senso del dovere; d'altro canto possono diventare eccessivamente flessibili ed essere troppo lenti nel prendere le decisioni.

Il modello, riferito al posizionamento nel quadrante N. 2, è definito "Estroverso". Gli appartenenti a questo modello sono buoni comunicatori, leali nella competizione e, dunque, sanno circondarsi di amici e sostenitori. Decidono, prendendosi qualche rischio di troppo, su proprie opinioni o intuizioni. Hanno bisogno di ottenere riconoscimenti da cui traggono la loro motivazione.

Essi suscitano empatia, sono persone entusiaste e buoni comunicatori; reagiscono però in maniera eccessiva, quando si devono confrontare, e sono tentati di manipolare gli interlocutori. Il modello "Dominante" si colloca nel quadrante N. 3 e riflette il profilo di persone indipendenti, scarsamente comunicative, impazienti, molto competitive e fortemente orientate all'ottenimento di risultati. Decidono rapidamente ma su dati di fatto; sono pratici, efficienti, indipendenti e decisionisti. Perdono però efficacia quando diventano poco flessibili, autoritari e tentano di prevaricare gli altri.

Rimane infine il modello *"Analitico"* nel quadrante N. 4. Gli individui descritti da questo modello sono persone poco entusiaste, distaccate, poco propense a stringere relazioni sociali ma razionali e molto attaccate ai principi. Basano le decisioni su dati di fatto ma con lentezza, poiché non amano correre rischi; sanno essere efficaci, poiché sono logici, attenti, ordinati, molto esigenti con se stessi ed infine seri e laboriosi. Il loro rischio è di non decidere perché, perfezionisti ed eccessivamente critici, eccedono nei processi d'analisi.

Immagino che ti sarai ritrovato, anche se non perfettamente, in uno di questi profili così come è probabile che tu sia riuscito a riconoscere nelle descrizioni qualche amico, parente, collega o dipendente.

È attraverso questo processo, all'inizio certamente impegnativo, ma poi sempre più fluido, che la conoscenza dei profili ti permetterà di gestire meglio i conflitti, a patto che tu sia disponibile ad accettare due irrinunciabili principi:

SEGRETO n. 18: le teorie sulle dinamiche comportamentali ammettono che è impossibile chiedere agli individui di cambiare carattere, mentre è provato che è possibile modificare alcuni comportamenti.

SEGRETO n. 19: gli studi sulla leadership situazionale assegnano al capo il compito di modificare, per primo, comportamenti inefficaci, per essere d'esempio ai suoi dipendenti.

Tutti i profili, in qualunque punto dei quadranti siano posizionati, dovrebbero tentare, idealmente, di convergere verso il punto centrale di equilibrio perfetto tra le due tensioni. Pensa a due individui, entrambi con profili dominanti e immagina come potrebbero sanare un conflitto se non modificassero o attenuassero i loro comportamenti inefficaci. Tenterebbero di prevaricarsi a vicenda e, quasi sicuramente, il conflitto diventerebbe insanabile. Tutti gli incontri tra profili sono potenzialmente conflittuali, seppure con effetti diversi; uno scontro tra due analitici, se non moderato in qualche modo, tenderebbe a non risolversi mai per la lentezza con cui questi individui decidono. È prevedibile che un individuo dominante riesca a imporre il suo punto di vista a un socievole, incline a essere eccessivamente flessibile; questo però non significa aver sanato un conflitto, poiché il socievole si rimprovererà, a lungo, di aver accettato una soluzione a lui non gradita.

SEGRETO n. 20: la prima regola da mettere in atto sarà quella di minimizzare o, meglio, modificare i comportamenti inefficaci, tipici del proprio profilo, in funzione di quello del nostro interlocutore.

Un ulteriore aiuto ci viene, come detto all'inizio, dagli studi sulle strategie e tattiche usate dagli individui per influenzare i propri simili; noterai molti punti in comune con quanto già discusso ma è, indubbiamente, un altro modo per vedere lo stesso problema. La tabella N. 1 analizza le strategie e i comportamenti messi in atto da chi tenta di influenzare il prossimo con in approccio morbido (soft); noterai le analogie con il modello socievole e, infatti, i rischi sono uguali.

La persona mantiene piacevoli relazioni personali ma accetta soluzioni deludenti.

tab. 1 – Capacità d'influenzamento soft sell

Strategia soft sell La persona che usa questo stile vede l'interlocutore come amico. Ha come obiettivo quello di raggiungere un accordo, mantenendo buone relazioni interpersonali.	
Comportamenti efficaci	**Comportamenti inefficaci**
Esprime le proprie opinioni quando ha capito le reazioni dell'interlocutore. Dichiara apertamente necessità e interessi. Inizia una discussione cercando di stabilire un'atmosfera amichevole.	Accetta soluzioni anche inferiori alle proprie attese. Assume che l'interlocutore dichiari apertamente le sue necessità ed interessi. Smorza le obiezioni rimandando la discussione e minimizzandone l'importanza. Offre alternative e fa concessioni al solo scopo di evitare un aperto confronto.
Rischi Chi usa questo stile tende ad ottenere soluzioni piacevoli, ma rimane poi deluso per aver dovuto rinunciare a troppe cose.	

La tabella N.° 2 mostra la strategia opposta; è quella usata dalle persone che tentano d'influenzare il prossimo con un metodo aggressivo (hard).

tab. 2 – Capacità d'influenzamento hard sell

Strategia hard sell La persona che usa questo stile vede l'interlocutore come un avversario. Le interazioni tra due persone sono viste come una battaglia per il potere e la dominanza dell'uno sull'altro.	
Comportamenti efficaci	**Comportamenti inefficaci**
Stabilisce in anticipo la propria posizione tesa al raggiungimento del risultato.	Tende ad intimidire gli interlocutori, fornendo moltissime informazioni. È sospettoso sui motivi ed intenzioni degli altri. Parla più degli altri per mantenere il controllo della conversazione. Prospetta all'interlocutore, in modo sottile, tutti gli svantaggi che avrà, se non raggiungerà subito un accordo.
Rischi Chi usa questo stile vuole vincere; purtroppo però il suo modo di fare aumenta la resistenza degli interlocutori e provoca risentimenti.	

Gli autori di questi studi hanno riscontrato però l'esistenza di una terza strategia che, se applicata nella sua completezza, permette di acquisire una notevolissima capacità di persuasione; questa è la così detta strategia "win-win", descritta nella tabella N. 3.

tab. 3 – Capacità d'influenzamento win-win

Strategia win-win
La persona che usa questo stile vede l'interlocutore come un partner per la risoluzione dei problemi. Le interazioni tra due persone sono un processo di consultazione alla ricerca di soluzioni mutuamente accettabili.

Comportamenti efficaci	Comportamenti inefficaci
Ricerca aree di comune interesse su cui fondare le sue proposte. Gestisce le obiezioni ponendo domande con l'intento di capire le ragioni degli altri. Applica l'ascolto attivo. Procede senza alcuna idea preconcetta. I bisogni e gli interessi degli altri sono accettati come legittimi e di pari importanza dei propri.	Nessuno

Rischi
Chi usa questo stile predilige un approccio che soddisfi entrambe le parti, producendo decisioni valide, con il mantenimento di rapporti ottimali; bisogna però fare attenzione ad usarlo anche nei momenti di crisi. L'approccio win-win richiede talvolta troppo tempo e dunque non è il metodo più adatto a spegnere gli "incendi".

Noterai come questo stile non contempla comportamenti inefficaci ma solo un rischio; la sua adozione richiede tempi non compatibili con la gestione di conflitti che potenzialmente potrebbero generare delle crisi aziendali. La prima regola, se si deve fronteggiare un incendio, è quella di spegnere il fuoco senza troppi complimenti.

La forza di questi strumenti sta nell'immediatezza dei comportamenti descritti, poiché realmente riscontrabili nella pratica quotidiana d'ogni individuo.

L'applicazione degli stili più efficaci richiede però una buona dose di flessibilità e parecchie prove prima di sentirsi a proprio agio nelle situazioni in cui ci si sforza a effettuare modifiche a comportamenti inefficaci; sii certo che, dopo un ragionevole periodo di tempo, i risultati si vedono.

SEGRETO n. 21: sapere gestire i conflitti e acquisire una notevole capacità di persuasione diventano, nelle mani di un capo, armi molto efficaci nella conduzione del gruppo a lui affidato.

Puoi, anche in questo caso, effettuare un'autodiagnosi sulla tua capacità di influenzamento, compilando il test in Appendice.

RIEPILOGO DEL GIORNO 4:

- SEGRETO n. 17: è comprensibile che se, attraverso adeguate schematizzazioni, ciascuno potesse identificare i propri stili comportamentali dominanti e quelli dei suoi interlocutori, la gestione e risoluzione dei conflitti ne verrebbero enormemente facilitate.

- SEGRETO n. 18: le teorie sulle dinamiche comportamentali ammettono che è impossibile chiedere agli individui di cambiare carattere, mentre è provato che è possibile modificare alcuni comportamenti.

- SEGRETO n. 19: gli studi sulla leadership situazionale assegnano al capo il compito di modificare, per primo, comportamenti inefficaci, per essere d'esempio ai suoi dipendenti.

- SEGRETO n. 20: la prima regola da mettere in atto sarà quella di minimizzare o, meglio, modificare i comportamenti inefficaci, tipici del proprio profilo, in funzione di quello del nostro interlocutore.

- SEGRETO n. 21: sapere gestire i conflitti e acquisire una notevole capacità di persuasione diventano, nelle mani di un capo, armi molto efficaci nella conduzione del gruppo a lui affidato.

GIORNO 5:

Come evitare le vertenze di lavoro

Immagino ti stia domandando per quale motivo dovresti approfondire argomenti che sono, di norma, gestiti da specialisti di risorse umane; l'unica ragione è che la loro conoscenza aumenta la reciproca comprensione tra capi di linea e responsabili del personale. I prossimi paragrafi avranno come oggetto di discussione quelle decisioni di carattere organizzativo, per le quali alcuni articoli dello Statuto dei Lavoratori prevedono norme e limitazioni, poste a tutela dei lavoratori stessi. La conoscenza di queste norme potrà rivelarsi molto utile nel guidare le scelte dei capi in situazioni che possono trasformarsi facilmente in vertenze di lavoro.

Le aziende devono, talvolta, prendere decisioni non sempre interpretabili con certezza, secondo norme di diritto del lavoro; è importante che tutti siano coscienti dei rischi che si corrono e che, in caso di sentenze avverse all'azienda, non si assista al penoso quanto inutile scarico di responsabilità.

L'articolo su cui richiamo la vostra attenzione è il N.13, relativo alle "Mansioni del lavoratore".

«Il prestatore di lavoro deve essere adibito alle mansioni per le quali è stato assunto o quelle corrispondenti alla categoria superiore, che abbia successivamente acquisito, ovvero a mansioni equivalenti alle ultime effettivamente svolte, senza alcuna diminuzione della retribuzione …omissis. Egli non può essere trasferito da un'unità produttiva all'altra se non per comprovate ragioni tecniche, organizzative e produttive. Ogni patto contrario è nullo».

È chiaro che il legislatore ha voluto dare delle protezioni contro comportamenti aziendali pretestuosi o lesivi nei confronti del lavoratore, ma ciò non impedisce che l'impresa possa adottare dei cambiamenti organizzativi, quando richiesti dal business o da contingenti situazioni di mercato. L'azienda può disporre il ricollocamento di un dipendente a mansioni inferiori, con o senza una diminuzione della retribuzione, nel caso ciò sia l'unica dimostrabile alternativa alla perdita del posto di lavoro; nelle altre situazioni potranno essere previste solo mansioni superiori o equivalenti. È sul termine "equivalente"che si sono combattute molte battaglie legali con alterne fortune, ma una cosa è certa; ricollocare un dipendente in un ruolo con mansioni inferiori alle precedenti, ma con lo stesso livello d'inquadramento e la stessa retribuzione di prima, non significa avergli assegnato mansioni equivalenti. In caso di vertenza la causa sarebbe persa per certo.

Le condizioni che legittimano il trasferimento di un lavoratore sono ancora più stringenti e contemporanee. Deve essere dimostrato, per prima cosa che, nella sede di origine, non sono più giustificate dal business le mansioni svolte dal dipendente; ciò è forse la parte più semplice.

La parte più difficile sarà, contemporaneamente, dimostrare che, nella sede di destinazione, si è venuta a creare le necessità di coprire una posizione dalle mansioni uguali o equivalenti a quelle svolte dal nostro lavoratore e che, in tale sede, non vi erano altri dipendenti in grado di svolgerle. Esistono situazioni dove ciò è esattamente quello che si deve affrontare ma, se si vuole barare, è molto dura averla vinta! Le scelte dei capi sono ulteriormente complicate dall'elemento "discriminazione"; è il caso in cui demansionamenti e trasferimenti siano legittimamente disposti, ma si debba scegliere tra più dipendenti, con uguali mansioni e operanti nella stessa unità produttiva. Quali criteri dovranno essere adottati per scegliere A piuttosto che B?

La tua risposta sarà istintivamente «mi tengo il migliore e sposto il peggiore»; avresti certamente la comprensione dell'azienda ma, in caso di vertenza, non altrettanto quella del magistrato. Il giudice si accerterà che prima abbiate verificato se c'erano volontari (ad esempio nei trasferimenti), che i colleghi dell'uomo che hai scelto avessero anzianità aziendali superiori e/o carichi di famiglia maggiori e, solo a queste condizioni, respingerà un eventuale ricorso del dipendente scelto. Immagino che il tuo commento sia che allora le aziende hanno le mani legate; ciò è solo parzialmente vero. Bisogna trarre da questi esempi una linea di comportamento.

SEGRETO n. 22: cambiamenti organizzativi che implichino demansionamenti o trasferimenti devono far parte di una strategia, condivisa con più funzioni aziendali, ed essere messi in atto con intelligenza.

Non possono essere il frutto di decisioni improvvisate o di colpi di testa; le responsabilità, quando falliscono, vanno cercate all'interno dell'azienda, come adesso andremo a vedere.

La gestione delle deviazioni

L'obiettivo del processo di gestione delle prestazioni e dei comportamenti è di fornire ai capi gli strumenti, adatti a migliorare le prestazioni e/o gestire problemi comportamentali dei dipendenti, senza perdere la flessibilità necessaria ad affrontare situazioni particolari.

Risponde a molteplici esigenze dedicare una riflessione a sé stante sulla gestione delle deviazioni; è però necessario premettere quale significato dare alla definizione di deviazione. Pensa a quei casi dove lo scostamento dai risultati attesi è talmente significativo da far sospettare che le capacità del dipendente siano inadeguate al ruolo, o che il dipendente stia mettendo in atto comportamenti negligenti se non addirittura fraudolenti. Motivi di business e legali richiedono l'adozione di una gestione rapida della deviazione e la messa in atto di un percorso ben delineato. Queste situazioni, prese all'inizio, hanno qualche probabilità di recupero ma, se non seguite, tendono a incancrenirsi con notevoli danni per l'azienda; quando invece non si riescono a ottenere miglioramenti, sono da prevedere interventi disciplinari che, in alcuni casi, possono arrivare sino al licenziamento.

L'opportunità di seguire un percorso, concordato con la direzione dell'azienda, nasce dalla necessità di proteggere adeguatamente l'adozione di alcune azioni che potrebbero rendere debole la posizione dell'azienda, nel caso il dipendente coinvolto presentasse un ricorso alla magistratura del lavoro. Andremo adesso a distinguere, per motivi puramente didattici, le deviazioni in due categorie: *deviazioni dalle prestazioni attese e deviazioni dai comportamenti attesi.*

Non è sempre facilmente identificabile la linea di demarcazione tra le due tipologie di deviazioni; il diverbio litigioso con un collega è chiaramente un problema di comportamento, mentre il ripetuto non raggiungimento degli obiettivi di vendita è un problema di prestazioni. Ignorare i messaggi di posta elettronica o quelli telefonici potrebbe per contro essere interpretato sia come insubordinazione sia come negligenza sul lavoro.

Il non esprimere una sufficiente preparazione è un significativo problema di prestazione che potrebbe avere origine da una deviazione di comportamento, quale la mancata attuazione di programmi di addestramento aziendali. Molti sostengono, con alcune buone ragioni, che, seguendo questo schema, tutte le deviazioni possono essere fatte risalire a una deviazione di comportamento.

Atteniamoci, almeno inizialmente, alla seguente distinzione:

- è una deviazione dai comportamenti qualunque deviazione riconducibile a valori comportamentali importanti per l'azienda, a quelli necessari a presidiare una posizione, alle procedure e alle regole della Società attesi. Normalmente tali comportamenti devianti sono premeditati;

- qualunque deviazione riconducibile ai risultati quali-quantitativi, agli obiettivi, agli incarichi e alle deleghe, è uno scostamento dalle prestazioni attese; le deviazioni dalle prestazioni non sempre presuppongono comportamenti premeditati.

Tieni ben presente che questo approccio, significativo dal punto di vista aziendale, non è riconosciuto dalla nostra giurisprudenza.

La magistratura del lavoro non avvalla sanzioni disciplinari o licenziamenti irrogati dalle aziende che siano motivati dallo scarso rendimento del dipendente o dal non raggiungimento degli obiettivi aziendali.

Comportamenti negligenti, fraudolenti e non rispettosi dei contratti, delle norme del codice civile e delle procedure/regole aziendali, quando documentati, costituiscono, invece, elementi accettati dalla magistratura e portano spesso a sentenze in favore delle aziende. Questa posizione giurisprudenziale **obbliga** il capo a scoprire quali sono gli atteggiamenti e i comportamenti, causa dell'insufficiente prestazione del dipendente. Il primo obiettivo da porsi, però, sarà quello di salvare l'investimento aziendale e, dunque, tentare di mettere in atto un processo di miglioramento della prestazione; nell'ipotesi che questo tentativo vada fallito, le azioni intraprese costituiranno, in ogni modo, validissimi elementi a difesa dell'operato dell'azienda.

Vediamo allora il percorso suggerito, dal momento in cui si dovessero rilevare significative deviazioni dalle prestazioni attese, da parte di un dipendente (figura 1).

fig. 1 – La gestione delle deviazioni

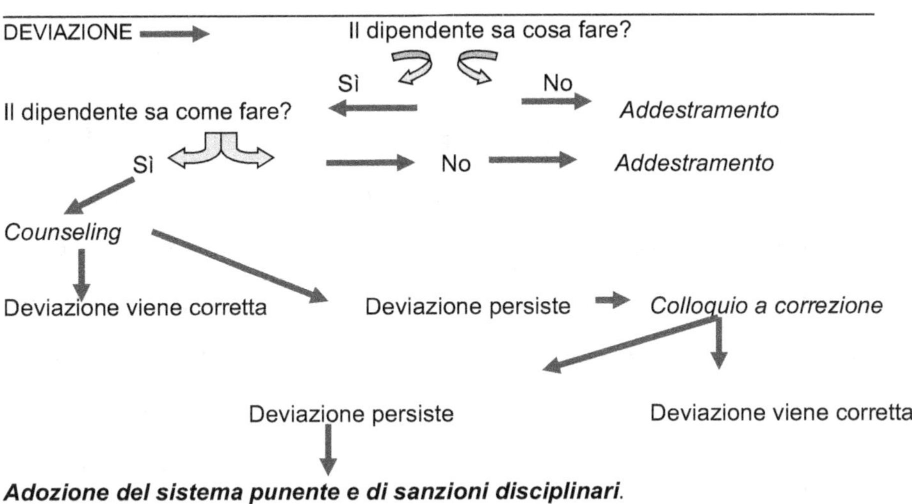

Dobbiamo, per primo, accertarci che il dipendente sappia cosa e come svolgere il compito affidato; è dunque necessario che i comportamenti richiesti siano stati portati a conoscenza del dipendente e pertanto che:

- facciano parte di norme contrattuali;
- facciano parte delle mansioni assegnate e comunicate al dipendente;
- facciano parte di procedure/regole aziendali comunicate ai dipendenti;

- facciano parte di corsi di addestramento, piani, obiettivi concordati.

É responsabilità dell'azienda fornire l'addestramento necessario, laddove fosse verificato che il dipendente non è perfettamente informato su cosa o come fare. La deviazione può però essere presente, anche nel caso in cui al dipendente sia stato fornito l'addestramento necessario o, persistere, dopo un completamento della sua formazione. Questo è il momento d'intervenire con il così detto "colloquio di counseling", e, se questo fallisse, con il successivo "colloquio di correzione", di cui abbiamo detto nel capitolo dedicato ai colloqui capo-dipendente.

SEGRETO n. 23: è consigliabile verbalizzare sia gli interventi di counseling che quelli a correzione quando ci si trova di fronte a significative deviazioni.

La traccia scritta può essere un semplice foglio di carta su cui andrebbe riportato la deviazione che si vuole correggere, il piano o gli obiettivi concordati e la loro data di scadenza. L'ideale sarebbe averla firmata dall'interessato ma, se rifiuta, ciò non è strettamente necessario. Il ripetersi della stessa deviazione o il frequente scostamento da molteplici comportamenti attesi deve portare alla messa in atto del sistema punente e alla contestazione disciplinare.

Il sistema punente è l'altra faccia del sistema premiante. Le prestazioni brillanti, in un'organizzazione meritocratica, sono premiate con dei riconoscimenti che contemplano aumenti retributivi, formazione, sviluppo professionale e avanzamenti di carriera. Prestazioni negligenti o fraudolente devono prevedere interventi di segno opposto quali: sospensione degli investimenti, richiami, ammonizioni, multe, sospensione dal lavoro e, nei casi estremi, il licenziamento. Seguire questo processo certamente richiede tempi di una certa consistenza e un iter che sembra puramente burocratico; i motivi per adottare tale approccio sono diversi e importanti:

- è data al dipendente la possibilità di conoscere la sua posizione e, se vuole, di correggere la deviazione;
- la traccia scritta degli incontri esalta la responsabilità del dipendente e costituisce, quando del caso, una valida documentazione a difesa dell'azienda;

- l'adozione d'interventi punenti stimola il dipendente ad abbandonare comportamenti che diventano, per lui, non più convenienti. Rendono inoltre coerente, di fronte alla magistratura, la posizione aziendale.

Capita talvolta di infliggere sanzioni disciplinari a dipendenti che, solo qualche mese prima, hanno avuto un passaggio di livello, un premio, una valutazione positiva. Queste incoerenze sono pagate a caro prezzo. Una precisazione si rende necessaria, quando si decide di applicare il sistema punente:

SEGRETO n. 24: attenzione a non confondere il sistema punente con alcune tipiche azioni discriminatorie.

Sono due posizioni aziendali completamente diverse e la seconda, se messa in atto, fornisce al dipendente negligente o disonesto un'efficace arma di difesa. Egli non deve essere escluso da momenti di vita aziendale di gruppo, dalla partecipazione a manifestazioni estese a tutta una certa popolazione di dipendenti, da politiche retributive che contemplino premi di gruppo, dall'avere assegnate apparecchiature aziendali previste come standard per i dipendenti ecc.

Terminiamo con una raccomandazione: le contestazioni disciplinari, le sanzioni e gli eventuali processi di licenziamento devono essere azioni gestite dalla funzione risorse umane o da chi ne fa le veci; queste azioni richiedono, infatti, conoscenze professionali specifiche sulle formule e sulle tempistiche da adottare, nel rispetto di norme stabilite dai contratti di categoria.

Allontanamento del dipendente

É utile rifarsi alle recenti osservazioni sulle deviazioni, per ricollegarsi a quel processo che, per fortuna in rare occasioni, porta inevitabilmente alla risoluzione del rapporto di lavoro con il dipendente interessato. Si rende, infatti, necessario, talvolta, allontanare dipendenti che abbiano messo in atto comportamenti fraudolenti a danno dell'azienda o più semplicemente abbiano dato prestazioni continuamente e notevolmente sotto le attese. In tutte le organizzazioni esistono dipendenti che, per le più svariate ragioni, non rispondono alle politiche di gestione basate sulla motivazione, partecipazione e sviluppo del personale.

É opinione molto diffusa, a livello direttivo, che le leggi sociali (statuto dei lavoratori) e le norme contrattuali rendano molto difficoltoso se non inattuabile l'allontanamento dei dipendenti, per i motivi sopraddetti.

Bisogna ammettere che, mentre i licenziamenti collettivi (mobilità) sono oggi procedimenti complessi ma attuabili senza significative controversie legali, i licenziamenti individuali incontrano difficoltà ben maggiori.

La magistratura accoglie, spesso, i ricorsi dei dipendenti, condannando l'azienda al reintegro degli stessi nel posto di lavoro. I capi diretti reagiscono a queste situazioni secondo tre grandi filoni di comportamento:

- esercizio della tolleranza, tanto più spinto quanto più la supervisione aziendale è orientata al lassismo;
- smistamento alla funzione del personale o alla direzione aziendale di tutte le situazioni conflittuali, esercizio anche in questo caso tanto più evidente quanto più l'azienda è burocratizzata e agisce per procedure;

- gestione autoritaria dei rapporti con i dipendenti, mettendo in atto comportamenti tendenti sottovalutare gli obblighi derivanti dalle leggi sul diritto del lavoro.

Ognuno dei tre comportamenti succitati crea pericolosi danni all'impresa, poiché non incide sugli aspetti fondamentali del problema che così possono essere riassunti:

- i rapporti capo-dipendente devono essere guidati da una giusta correlazione tra orientamento ai risultati e orientamento alle persone e basati sulla maturità dei dipendenti stessi;
- il capo non deve, in alcuna situazione, rinunciare al suo ruolo se non a rischio di perdere credibilità e la stima dei dipendenti;
- l'azienda deve poter applicare, oltre a un adeguato sistema premiante, anche un'efficace sistema punente; se così non fosse, per prima cosa non si correggerebbero i comportamenti devianti e, secondariamente, si perderebbe la collaborazione dei dipendenti migliori.

Dirigenti, quadri e supervisori sono addestrati alla gestione della risorsa umana, ponendo giustamente l'accento sulla motivazione e sviluppo del personale; sono pochi i casi in cui i capi vengono addestrati a gestire l'applicazione del sistema punente, ritenendo, molti, che questo sia un esercizio delegato esclusivamente alla funzione del personale. La risoluzione del rapporto di lavoro con un dipendente, quando questa sia frutto di una decisione aziendale, richiede invece una strettissima collaborazione tra le strutture di linea, la funzione del personale e, se del caso, con il legale della società.

I capi devono essere addestrati a gestire il *sistema punente*, per la parte di loro competenza e non certo a sostituirsi ai dirigenti delle risorse umane; ciò comporta due aspetti fondamentali:

- la messa a punto di un processo ben definito in cui viene individuato *"chi fa che cosa"*, dal momento della decisione sino alla risoluzione del rapporto di lavoro;
- lo sviluppo di conoscenze che permettano ai capi di cooperare efficacemente con il Personale, al fine di effettuare risoluzioni del rapporto di lavoro, nel pieno rispetto delle leggi, dei codici e dei contratti.

Ciò non comporta la necessità di conoscenze legali approfondite; è più importante conoscere esattamente ciò che non si deve fare. Il non commettere certi errori può rivelarsi determinante, qualora si sia costretti a difendere le decisioni aziendali di fronte alla magistratura del lavoro.

L'allontanamento di un dipendente deve essere interpretato come un processo, nel quale gran parte del percorso coincide con quello già tracciato per la gestione delle deviazioni e con la messa in atto del sistema punente. Questo modo di operare permette di raccogliere prove e documenti che si potrebbero rivelare estremamente utili qualora il dipendente ricorresse alla magistratura a fronte di un'interruzione del rapporto di lavoro. Vediamo allora quali sono quegli interventi direttivi da mettere in atto, dopo aver tentato di correggere, senza successo, le significative deviazioni rilevate nell'attività o nei comportamenti di un dipendente; sono pochi ma indispensabili:

- il dipendente va avvertito, verbalmente, che l'azienda non è per nulla soddisfatta delle sue prestazioni e che, persistendo tale situazione, potrebbe venir considerata anche un ipotesi d'interruzione del rapporto di lavoro;

- vanno aumentati i controlli sugli aspetti dell'attività che sono sotto scrutinio, prestando attenzione che ciò non diventi motivo di discriminazione. I controlli devono essere mirati sugli elementi che stanno provocando la deviazione;

- va sospeso qualunque intervento a favore dell'individuo come singolo, sia di natura formativa, motivazionale e, ovviamente, economica.

Non possiamo, invece, sospendere, nel caso di un operaio che lavori su una linea di produzione, l'addestramento su una nuova apparecchiatura, appena montata, poiché ciò sarà necessario all'espletamento della sua mansione. Possiamo invece sospendere un corso che era stato programmato per farlo diventare manutentore di linea, nel caso ci trovassimo di fronte a comportamenti negligenti. Si rende, adesso, necessaria una osservazione: queste precauzioni hanno una qualche possibilità di successo solamente nel caso si sia intervenuti su deviazioni insorte da poco tempo.

Non bisognerebbe mai lasciare incancrenire un rapporto conflittuale con un dipendente, poiché si vengono a creare situazioni difficilmente risolvibili. Quando ciò avviene, le responsabilità sono tutte dell'azienda per cui, prima o poi, dovrà pagarne il prezzo. Ciò, di norma, accade perché uno o più capi sono stati troppo tolleranti e hanno lasciato degenerare la situazione! Si comprende, di conseguenza, ciò che si deve fare, quando si sia arrivati alla decisione di allontanare un dipendente:

- l'allontanamento non può essere deciso ed effettuato dall'oggi al domani;

- il dipendente, nel periodo d'osservazione, non va sottoposto ad azioni discriminatorie, né ad atti che possano essere interpretati come mobbing strategico. Parleremo a lungo di questo fenomeno nel prossimo capitolo;

- l'allontanamento prevede valutazioni strategiche e tattiche che i capi devono condividere con altre figure aziendali.

Condizioni di età anagrafica, contribuzione utile ai fini della pensione e deviazione contestata, sono elementi che possono indicare quale processo scegliere tra i tre metodi con cui si possono risolvere i rapporti di lavoro: dimissioni del dipendente, risoluzione consensuale del rapporto o licenziamento. Il percorso che abbiamo descritto è visivamente riassunto nello schema sottostante (figura 2).

fig. 2 – Processo di allontanamento (destaffing)

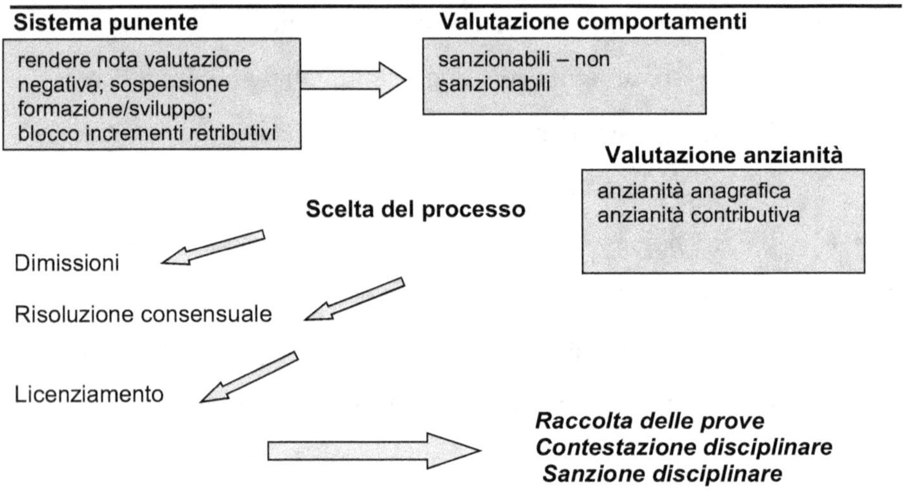

Tentare di convincere un dipendente a rassegnare le dimissioni conviene quando costui è in età relativamente giovane, poiché è prevedibile che abbia ancora elevate opportunità di reimpiego; il ruolo del capo sarà di fargli comprendere il deterioramento dei rapporti con l'azienda, la perdita di fiducia nei suoi confronti e la volontà di non più investire sulla sua persona. É possibile che una lunga prospettiva di rapporti conflittuali convinca un giovane a lasciare autonomamente l'azienda.

La risoluzione consensuale del rapporto di lavoro è particolarmente indicata in quei casi in cui il dipendente, non lontano dal raggiungere il diritto al percepimento della pensione, potrebbe essere interessato a concludere il rapporto di lavoro, a fronte di un accordo economico con l'azienda. Si tratta in genere di dipendenti che, in età avanzata e non avendo avuto alcuno sviluppo di carriera, sono demotivati nell'espletare una mansione che ormai li ha logorati.

L'accordo, normalmente, prevede l'erogazione di una somma con la quale il dipendente potrà contare su un reddito sufficiente, nel periodo che intercorre tra la risoluzione del rapporto di lavoro e l'ottenimento della pensione; le aziende, difficilmente, prendono in considerazione periodi che superano i due anni di attesa. Lo stesso tipo d'accordo chiude, frequentemente di fronte al magistrato, una vertenza di lavoro; è il giudice, in questo caso, che sollecita le parti a addivenire a una risoluzione consensuale del rapporto, evitando i rischi di affrontare un giudizio dall'esito incerto per entrambi.

Questa tattica corre il rischio di essere usata anche a sproposito; non è corretto, infatti, proporre tale formula a un dipendente che sta mettendo in atto comportamenti sanzionabili ma ha la fama di essere un "osso duro". La consensuale potrebbe essere una facile scorciatoia. Chi è senza peccato scagli la prima pietra, ma presta attenzione, poiché i rischi sono importanti; i dipendenti sani criticheranno palesemente i capi perché, dopo aver lungamente sopportato un fannullone o peggio un disonesto, lo pagano anche profumatamente per lasciare l'azienda.

Qualche furbetto, per contro, comincerà a pensare di deteriorare ad arte i rapporti con i propri capi così che qualcuno, prima o poi, dovrà blandirlo e proporgli un accordo economico, per darsi disponibile a lasciare l'azienda. Valutiamo infine gli aspetti legati a un licenziamento; si deve ricordare che per la magistratura del lavoro un dipendente non è licenziabile se la motivazione è di non aver raggiunto i risultati attesi dall'azienda. Il licenziamento deve pertanto essere preso in considerazione quando l'azienda è grado di dimostrare che l'interessato ha messo in atto comportamenti, sanzionabili con questa estrema misura. Vediamo allora quali sono i comportamenti che, se in grado di essere dimostrati, potrebbero costituire una valida giustificazione al licenziamento.

- Falsificazione dell'attività; è il caso tipico di dipendenti appartenenti a funzioni con attività esterna all'azienda (venditori, addetti alla manutenzione d'apparecchiature presso clienti, fattorini ecc.). Sono figure alle quali viene, di norma, richiesto di presentare rapporti sulla loro attività giornaliera, settimanale o mensile. Sono noti casi in cui il dipendente non dà, parzialmente o totalmente, la prestazione lavorativa ma, ovviamente, falsifica il rapporto di attività, per nascondere il comportamento fraudolento.

- Falsificazione di documenti di spesa; si riferisce a tutte quelle figure aziendali alle quali è concesso il rimborso di spese di viaggio, alloggio, pasti. In questo caso il comportamento fraudolento consiste nell'alterare le pezze d'appoggio o inserire regolari documenti di spesa, effettuate però in giorni non autorizzati.

- Uso improprio di apparecchiature aziendali (telefoni, computer, auto); sono esempi cellulari e linee fisse aziendali utilizzate per telefonate personali, senza un'autorizzazione. È ugualmente perseguibile chi installa, su computer aziendali, software non autorizzati o si collega a internet, senza che questo sia previsto dalle procedure interne. È alta la probabilità d'importare virus, mettendo a rischio il sistema informatico di tutta l'azienda. L'uso improprio dell'auto è contestabile quando, ad esempio, a seguito d'incidenti o contravvenzioni, l'azienda dovesse scoprire che l'assegnatario del mezzo aziendale ne aveva permesso la guida a soggetto terzo, senza che ciò fosse previsto dal contratto di assegnazione.

- Non rispetto di procedure, regolamenti aziendali e articoli del codice civile come ad esempio ritardi nell'invio di rapporti, assenze protratte ingiustificate, effettuazione di spese non autorizzate, svolgimento di attività in concorrenza col datore di lavoro.

- Non rispetto delle previsioni di contratti collettivi come comportamenti che implicano pregiudizio all'incolumità delle persone o alla sicurezza degli impianti, diverbi litigiosi con colleghi o superiori.

Ognuno di questi singoli comportamenti, se grave, o il frequente ripetersi di tali comportamenti ma di minor gravità, è sufficiente a giustificare il licenziamento in tronco del dipendente. Sono passibili sempre di licenziamento, per giustificato motivo, quei comportamenti per i quali si può dimostrare la venuta meno dell'elemento fiduciario.

- Ripetersi di assenze ingiustificate.
- Negligenza nello svolgimento del lavoro.
- Rifiuto di eseguire le mansioni assegnate.
- Ripetuta inosservanza dell'orario di lavoro.
- Volontario rallentamento del lavoro.
- Rifiuto di accettare un trasferimento, legittimamente disposto.

Sono tutti comportamenti che non hanno bisogno di ulteriori chiarimenti, tranne quello descritto come "negligenza nello svolgimento del lavoro". É negligenza non svolgere tutte le attività previste nel mansionario, o non completare i piani di formazione assegnati dalla società; è negligenza ripetere errori significativi che possono avere pesanti ripercussioni per l'azienda. É negligenza non rispettare le norme di sicurezza stabilite in alcuni luoghi dello stabilimento e/o degli uffici.

La corretta interpretazione di queste norme del diritto del lavoro è, comunque, compito di specialisti e dei legali; i capi però devono almeno conoscerne la casistica perché, in caso sospettassero o rilevassero in un dipendente la messa in atto di uno dei succitati comportamenti, dovrebbero immediatamente attivare la direzione o i legali della società.

La prevenzione del mobbing

Può lasciare perplessi che si sia deciso d'inserire un capitolo sul "mobbing" in un testo dedicato a supervisori e capi, non necessariamente facenti parte della funzione risorse umane; lo stimolo a compiere un'accurata analisi di tale fenomeno nasce da due ordini di fattori:

- la decisione dell'Inail del dicembre 2003 d'inserire alcune patologie, riconducibili a comportamenti mobbizzanti, tra le malattie professionali;
- le informazioni che, all'inizio del 2005, apparvero sia sulla stampa specializzata sia sui media, relative alla diffusione del fenomeno.

I capi sono spesso chiamati a gestire gli esuberi generati da processi riorganizzativi, acquisizioni, fusioni, cessazione di attività ecc. Le aziende, prima di ricorrere ai processi di mobilità, cercano di gestire tali esuberi attraverso forme concordate di risoluzione del rapporto di lavoro. Non è, purtroppo, sempre possibile ottenere la risoluzione del contratto di lavoro attraverso formule consensuali per questo, in alcuni casi, si è costretti a ricorrere a soluzioni alternative quali trasferimenti, cambiamenti di mansioni e, talvolta, anche a licenziamenti individuali.

La gestione di prestazioni negligenti o fraudolente, come abbiamo visto, porta spesso alla necessità di dover irrogare delle sanzioni disciplinari che possono arrivare, nuovamente, sino al licenziamento. Tutto ciò genera situazioni conflittuali che poi sfociano in ricorsi presso la magistratura del lavoro. Le aziende, nei ricorsi presentati dal 1999 in poi, sono state sempre più frequentemente accusate di aver messo in atto pratiche di mobbing; questa connessione non è casuale se si considera che nel 1999 è stata emessa, dal Tribunale di Torino, la prima sentenza di condanna a un'azienda, per mobbing.

L'Inail emetteva, il 17 dicembre 2003, la circolare intitolata *Disturbi psichici da costrittività organizzativa sul lavoro*. La circolare sanciva l'inclusione delle patologie, derivanti da comportamenti mobbizzanti, tra le malattie professionali indennizzabili dall'ente, stabilendo le modalità e le condizioni cui sarebbe stato sottoposto il riconoscimento del diritto alla prestazione previdenziale.

L'Istituto, nelle more di una non chiara interpretazione giurisprudenziale del fenomeno mobbing, stabiliva la propria capacità di diagnosticare patologie ad esso ricollegabili e, in tal modo, prevedere il diritto del dipendente alla prestazione previdenziale, indipendentemente dal giudizio della magistratura del lavoro. Questa posizione, era immediatamente oggetto di contenzioso tra i datori di lavoro e l'Inail; le aziende contestavano all'Istituto il diritto di riconoscere gradi d'invalidità più o meno elevati, accogliendo solamente le domande dei dipendenti e basandosi esclusivamente su diagnosi di propri specialisti.

Il Tribunale Amministrativo del Lazio, con sentenza del 5 maggio 2005, depositata il 4 luglio, accoglieva il ricorso presentato da Confindustria, unitamente a Confagricoltura e ABI, avverso la circolare INAIL, e annullava il provvedimento impugnato. Sembra, allo stato attuale delle cose e a meno di un ricorso dell'Inail, evitato il rischio per le aziende di vedersi aumentati i premi assicurativi, a seguito d'indennizzi, decisi autonomamente dall'Istituto.

Diritto e pratica del lavoro n. 1-2005 pubblicava un esteso approfondimento del fenomeno mobbing, da parte dell'Istituto di Studi del Lavoro dell'Università di Milano. Statistiche più o meno controllate valutavano, a quel momento, in 1.200.000 i dipendenti fatti oggetto di pratiche di mobbing. I media annunciavano, contemporaneamente, la presentazione in Parlamento di oltre quindici disegni di legge, per disciplinare la materia del mobbing e garantire un'efficace tutela ai lavoratori, vittime del fenomeno. I disegni di legge, allora depositati, pur con delle specifiche differenze, contenevano tutti previsioni d'estrema importanza per gli imprenditori e le direzioni aziendali, laddove, prima o poi, diventino leggi di Stato.

- In caso di ricorso per mobbing da parte di un dipendente l'onere della prova spetterebbe all'impresa e non al lavoratore; in altre parole toccherebbe all'azienda dimostrare di non aver messo in atto pratiche di mobbing e non al lavoratore di averle subite.

- Verrebbe immediatamente aperto un procedimento penale per i diretti superiori e/o colleghi accusati di mobbing con previsione di condanne sino a quattro anni di reclusione.

- Il datore di lavoro, anche nel caso di mobbing, messo in pratica, a sua insaputa, da dipendenti verso propri colleghi, sarebbe ritenuto corresponsabile. Egli, infatti, in base all'art. 2087 del c.c. è tenuto ad adottare misure necessarie a tutelare l'integrità fisica e la personalità morale dei propri dipendenti.

Penso si siano già delineate le motivazioni che rendono necessario, per chiunque abbia significative responsabilità di supervisione, approfondire il fenomeno; senza entrare in dettagli squisitamente legali, il conoscere qualche nozione in più sul quadro di riferimento e sulla semantica ci aiuterà a comprendere come riconoscere e prevenire eventuali situazioni di mobbing.

L'articolo 2087 del c.c. recita: «L'imprenditore è tenuto a adottare, nell'esercizio dell'impresa, le misure che, secondo la particolarità del lavoro, l'esperienza e la tecnica, sono necessarie a tutelare l'integrità fisica e la personalità morale del prestatore di lavoro». Il riconoscimento del fenomeno, iniziato nei paesi anglosassoni, trova dunque nel nostro diritto del lavoro un'importante dichiarazione di responsabilità in capo ai datori di lavoro, relativamente alla salute dei propri dipendenti.

Diversi tribunali hanno ormai coniato alcune definizioni di mobbing; suggerisco di adottare quella emessa dal Tribunale di Forlì, nel marzo del 2001 che così recita: «Comportamento reiterato nel tempo da parte di una o più persone, colleghi o superiori della vittima, teso a respingere dal contesto lavorativo il soggetto mobbizzato che, a causa di tale comportamento in un certo arco di tempo, subisce conseguenze negative anche di ordine fisico». Possiamo ricavare, da questa definizione, tutti gli elementi che permettono di distinguere un processo di mobbing da atti che rientrano in fisiologiche situazioni conflittuali tra colleghi o tra capo e dipendente.

SEGRETO n. 25: la pratica del mobbing si distingue perché è un atto violento, intenzionale, condotto a livello psicologico, ripetuto nel tempo, finalizzato e produce danni a livello psicofisico.

Il mobbing si presenta infine sotto diverse realtà e, pertanto, ha ricevuto definizioni differenziate.

- Mobbing verticale o bossing: è quello posto in essere dal datore di lavoro o dal superiore.
- Mobbing orizzontale: è attuato da colleghi.
- Mobbing non intenzionale (Documento di Consenso pubblicato su Medicina dei Lavoratori n°92, 2001): esacerbazione di un conflitto personale, esercitato da superiori o colleghi al fine di tutelare le proprie posizioni,

giudicate in pericolo e non in relazione a un'intenzionalità del management.

- Mobbing strategico: preciso disegno di esclusione di un lavoratore da parte dell'azienda o del management che, con un'azione programmata e premeditata, intende realizzare un ridimensionamento delle attività del lavoratore o il suo allontanamento.

É comprensibile la volontà della magistratura e degli organismi istituzionali di legiferare sul fenomeno mobbing, accertato l'elevato numero di dipendenti che sembrano essere sottoposti a comportamenti vessatori e illeciti da parte dei superiori o della loro stessa azienda. Richiamo però l'attenzione di quei capi che, operando in aziende sane, potrebbero trovarsi implicati in vertenze sul mobbing, non avendo conoscenza o avendo sottovalutato il fatto che, questo fenomeno, si presta ad essere interpretato in maniera distorta ed utilizzato come arma di difesa da dipendenti negligenti o disonesti.

SEGRETO n. 26: è pertanto necessario che un capo moderno sia preparato a riconoscere pratiche di mobbing, qualora fossero messe in atto nella sua funzione e ad adottare

precauzioni atte a neutralizzare le intenzioni di dipendenti determinati a costruirsi, artatamente, le basi per un'accusa di mobbing strategico.

Analizziamo l'aspetto, relativamente più semplice, di come riconoscere situazioni di mobbing non intenzionale esercitato da colleghi; potresti sospettarne l'esistenza nel caso tu sia in grado di notare i seguenti segnali:

- viene impedito al dipendente sotto mobbing, di esprimersi liberamente;

- esso è soggetto a critiche e rimproveri costanti;

- i colleghi hanno, nei suoi confronti, atteggiamenti di commiserazione;

- vengono fatti pettegolezzi sul suo conto e talvolta è oggetto di vere e proprie calunnie;

- potrebbe riferirvi di aver subito minacce o violenze.

Potrebbe essere un supervisore della tua unità, senza che tu ne sia a conoscenza, a mettere in atto pratiche di mobbing nei confronti di un suo dipendente. Dovresti assistere, in tale caso, a tentativi del tipo:

- demansionamenti;

- svuotamento delle mansioni;

- continuo cambiamento degli incarichi;

- assegnazione di posti di lavoro isolati;

- esclusione dalle riunioni di gruppo;

- sottrazione o non assegnazione di apparecchiature aziendali standard.

I tre parametri che devono sussistere, per darti la certezza di essere di fronte a un caso di mobbing, sono: l'attacco è rivolto a una singola persona, è in atto da lungo tempo e gli attacchi sono frequenti. Il mio suggerimento è di rivolgerti immediatamente alla direzione del personale o aziendale sia nel caso il mobber (colui che conduce il mobbing) sia un dipendente, un supervisore o un collega. É tuo compito evitare che l'azienda si trovi coinvolta in una vertenza, senza averne avuto il minimo sentore.

É necessario ora chiarire cosa presuppone, nel rispetto dello spirito di questo libro, la prevenzione del mobbing strategico. Abbiamo già visto che, talvolta, i capi sono chiamati a gestire dipendenti con prestazioni insufficienti o con comportamenti fraudolenti, tali da suggerirne l'allontanamento dall'azienda. Ciò implica che, in tali evenienze, si sia tentati di ricorrere ad azioni che ricadono nelle categorie definite mobbizzanti. Fai attenzione, se l'azienda volesse correre questo rischio, a non diventare il capro espiatorio della situazione e a essere l'unico a pagare, in caso di condanne da parte della magistratura.

RIEPILOGO DEL GIORNO 5:

- SEGRETO n. 22: cambiamenti organizzativi, che implichino demansionamenti o trasferimenti, devono far parte di una strategia, condivisa con più funzioni aziendali, ed essere messi in atto con intelligenza.

- SEGRETO n. 23: è consigliabile verbalizzare sia gli interventi di counseling che quelli a correzione quando ci si trova di fronte a significative deviazioni.

- SEGRETO n. 24: attenzione a non confondere il sistema punente con alcune tipiche azioni discriminatorie.

- SEGRETO n. 25: la pratica del mobbing si distingue perché è un atto violento, intenzionale, condotto a livello psicologico, ripetuto nel tempo, finalizzato e produce danni a livello psicofisico.

- SEGRETO n. 26: è pertanto necessario che un capo moderno sia preparato a riconoscere pratiche di mobbing, qualora fossero messe in atto nella sua funzione e a adottare precauzioni, atte a neutralizzare le intenzioni di dipendenti determinati a costruirsi, artatamente, le basi per un'accusa di mobbing strategico.

GIORNO 6:

Diventare leader

Un capitolo sulla leadership non poteva mancare in un libro dedicato a chi intende diventare un professionista nella gestione della risorsa umana.

L'inventario delle competenze (vedi Appendice) identifica la leadership come una competenza facente parte delle qualità imprenditoriali; chi la possiede a un giusto livello è in grado di motivare e responsabilizzare efficacemente i propri dipendenti, per il raggiungimento degli obiettivi dell'impresa. La domanda a cui dobbiamo rispondere è allora «quali comportamenti devono essere messi in atto, per esprimere un corretto livello di leadership?».

È giustificato pensare che, mettendo in pratica tutti i comportamenti sino a ora suggeriti, un capo dovrebbe essere riconosciuto come un autorevole leader. Questo è vero, ma il concetto di leadership introduce un aspetto più profondo, che può essere così riassunto.

SEGRETO n. 27: esistono diversi stili di leadership e un capo li deve saper usare tutti, secondo gli individui e le circostanze con cui si deve confrontare.

Nasce da qui l'aggettivazione di leadership situazionale. La leadership è, dunque, una capacità dinamica le cui variabili sono lo stesso leader, i suoi dipendenti e l'organizzazione all'interno della quale opera il suo team. Si ripropone il problema, già visto nella gestione dei conflitti; ognuno di noi manifesta dei comportamenti dominanti, per cui esprimere diversi stili di leadership comporta la necessità di modificarli secondo le diverse situazioni.

Non esiste uno stile adottabile per tutti i casi e, in quanto è una capacità, essa può e deve essere sviluppata attraverso la formazione. Esiste, comunque, una condizione di base: per esercitare efficacemente una leadership situazionale, il leader deve possedere un'ottima capacità di ascolto e di osservazione, per identificare, rapidamente, i mutamenti delle variabili e, di conseguenza, adottare lo stile più adeguato.

Questa non può rimanere una raccomandazione troppo generica quindi, dobbiamo riferirci ad alcuni studi di psicologia industriale, per avere indicazioni su come e quando mettere in atto tali modifiche. È dimostrabile che il rapporto tra orientamento al compito e orientamento alle relazioni interpersonali determina, in ogni individuo, una diversa visione del mondo del lavoro, una volta giunti a una posizione di comando.

Una visione, direi pessimistica, conosciuta come "Teoria X", fonda le proprie convinzioni su alcuni assunti, riferiti, ovviamente, all'uomo medio:

- esprime una diffusa avversione verso il lavoro;
- non ha alcuna voglia di assumersi delle responsabilità;
- è sensibile solo a una gestione autoritaria e all'incentivazione economica.

La seconda visione, più ottimistica, conosciuta come "Teoria Y", concede maggiore fiducia all'individuo:

- non sente avversione per il lavoro;

- accetta le responsabilità, quando inserito nel giusto contesto;

- sa esercitare un autocontrollo;

- è gratificato dalla partecipazione agli obiettivi aziendali e da incentivi, anche non economici.

Il capo, orientato maggiormente al compito, tenderà a fornire ai dipendenti precise indicazioni sul modo di operare (cosa fare, come fare, quando fare), a formulare lui stesso tutti gli obiettivi, ad esercitare controlli stringenti. Il capo più orientato alla relazione favorirà i rapporti interpersonali, darà sostegno psicologico, accetterà lo scambio di opinioni, applicherà l'ascolto attivo e darà franchi feed-back.

Il gioco dei diversi equilibri, tra orientamento al compito (orientamento direttivo) e orientamento alla relazione (orientamento di sostegno), determina l'esprimersi di quattro principali stili di leadership: *stile direttivo, direttivo-partecipativo, democratico e laissez-faire.* Nessuno stile è poco efficace per definizione, ma lo diventa, quando è usato nel contesto sbagliato.

Una seconda teoria sugli stili di leadership (Hersey-Blanchard) sostiene un'argomentazione facilmente condivisibile; secondo gli autori, una leadership efficace presuppone stili decisionali diversi a seconda del grado di maturità dei propri dipendenti.

L'aumento del grado di maturità deve comportare l'adozione di stili sempre meno direttivi e sempre più deleganti. È necessario, prima di procedere, chiarire bene che cosa si deve intendere per maturità dei dipendenti; questo concetto sarà richiamato anche quando si affronterà l'argomento della delega.

Il grado di maturità è, di per sé, un dato relativo, in quanto riferibile a uno specifico incarico da svolgere in un preciso momento e nell'ambito di una determinata cultura aziendale. Può aiutare i capi a valutare il grado di maturità del proprio team, sapere che ne esistono due aspetti:

- maturità tecnica: è espressa da un grado di possesso di conoscenza e capacità tali da permettere a un individuo di portare a termine un compito, in maniera del tutto autonoma;

- maturità comportamentale: è misurata dall'attitudine di una persona ad autodeterminare il proprio comportamento, per raggiungere un obiettivo.

È allora il momento di verificare quali comportamenti connotano i quattro diversi stili di leadership, per poi determinarne l'applicabilità in funzione del grado di maturità dei dipendenti (figura. 1).

fig. 1 – Stili di leadership

Quadrante 1: profilo direttivo. I capi che si collocano in questo quadrante danno ordini, fornendo istruzioni. Essi prendono decisioni e le comunicano ai dipendenti, sorvegliando strettamente la loro attività e i risultati. Quadrante 2: profilo direttivo- partecipativo. Il capo consulta i dipendenti, prende la sua decisione che spiega, fornendo i chiarimenti necessari. Mantiene ancora uno stretto controllo sulle attività e le prestazioni. Quadrante 3: profilo democratico. Il capo scambia informazioni e ascolta attentamente i suoi collaboratori, che coinvolge direttamente nel processo decisionale; quando necessario aiuta a risolvere i problemi e fornisce il suo incoraggiamento. Quadrante 4: profilo laissez-faire. Delega, al dipendente, sia la decisione sia il controllo.

Un team, raramente, è composto di elementi con esperienze e/o maturità pressoché equivalenti e, di conseguenza, un capo potrà esprimere difficilmente un unico stile di leadership, adatto a tutto il gruppo.

Mettiamo, ora, in relazione gli stili di leadership tendenziali con il grado di maturità dei dipendenti. Il tema meriterebbe una più accurata analisi ma, anche questa volta, prendiamo in considerazione solo le indicazioni che forniscono pratici indirizzi di comportamento. Lo stile direttivo (*Prescrittivo*) è adottabile in caso di bassa maturità dei dipendenti; è il caso di individui all'inizio delle loro esperienze, che hanno necessità di sentirsi dire cosa, come e quando fare ciò che gli è richiesto dalla mansione. Non sono inoltre in grado di autogestirsi e per questo c'è bisogno di un controllo accurato sulle loro prestazioni.

Lo stile direttivo/partecipativo (*Vendente)* è coerente con un grado di maturità medio-basso; è efficace nel rapportarsi con dipendenti che hanno già maturato alcune competenze e conoscono molto meglio l'ambiente di lavoro, ma hanno ancora, prestazioni non sufficienti. Il capo, in questi casi, non può limitarsi a ordinare ma deve vendere le sue decisioni, mantenendo però un attento controllo sulle prestazioni.

Lo stile democratico (*Coinvolgente*) deve essere preso in considerazione per maturità medio/alte, laddove il dipendente è certamente competente, ma non ancora disponibile da un punto di vista comportamentale. Il capo coinvolge il dipendente nel prendere alcune decisioni, per migliorare la sua motivazione e utilizzare al meglio le sue competenze.

Lo stile laissez-faire (*Delegante*) è applicabile per maturità elevate; il dipendente è molto capace e disponibile, tale per cui il capo può permettersi di delegare, entro certi limiti, sia la presa di decisioni sia il controllo dei risultati.

Bisogna fare attenzione, una volta scelto lo stile di leadership più adatto al grado di maturità del dipendente, a non eccedere nella messa in atto di comportamenti, che potrebbero diventare non efficaci. Lo stile direttivo, ad esempio, se troppo insistito, può trasformarsi in autoritario, quello direttivo/partecipativo diventerebbe paternalistico e lo stile laissez-faire si trasformerebbe in assembleare con la conclusione che non si prenderebbero mai decisioni. Lo studio di alcuni esempi può indicarci la linea di ragionamento da seguire, nell'applicare i concetti teorici sopra esposti.

Esempio n. 1: ti sei accorto che, da qualche tempo, un collaboratore non dà più il suo solito rendimento. La cosa ti meraviglia un poco perché, in passato, il dipendente si era mostrato sempre attento al raggiungimento dei suoi obiettivi, anche se eri dovuto intervenire frequentemente per ricordargli la loro importanza e il rispetto delle scadenze.

Si prospettano diverse possibilità d'intervento che, in linea di massima, possono essere così schematizzate:

A.   Lascia che sia il collaboratore a prendere atto della situazione e porvi rimedio.

B.   Ascolta i suggerimenti del dipendente, lascia che li metta in atto, limitandoti a controllare che siano raggiunti gli obiettivi.

C.   Intervieni per ridefinire le responsabilità del collaboratore e marcalo stretto.

D.   Coinvolgi il dipendente nella definizione dei propri standard di prestazione e concedi maggiore autonomia.

Riflettiamo sul fatto che in passato sei dovuto intervenire con stile direttivo per ricordare scadenze e necessità di raggiungere i propri obiettivi; non è possibile, di fronte a un rendimento che cala, mettere in atto stili democratici e laissez-faire. L'intervento corretto è, dunque, il C e secondariamente, con riserva, il B.

Esempio n. 2: sei stato nominato supervisore di un team molto ben condotto, in modo direttivo, dal precedente capo. Sei determinato a mantenere i risultati sin lì raggiunti ma vorresti anche iniziare a sviluppare il gruppo.

Come nel primo caso possono presentarsi diverse alternative:

A.   Ti spendi molto affinché il gruppo si senta maggiormente coinvolto.

B.   Sensibilizzi il team sull'importanza dei compiti e sul rispetto delle scadenze.

C.   Eviti d'intervenire.

D.   Fai in modo che alcune decisioni siano prese con l'apporto del gruppo e continui a controllare che gli obiettivi siano raggiunti.

Le soluzioni A e C non sono adatte a un gruppo che è stato gestito con stile direttivo sino al giorno prima; la soluzione maggiormente corretta è, certamente, la D. Inizi un'azione di supporto ma mantieni il controllo.

Esempio n. 3: hai notato che un dipendente sta avendo difficoltà a portare a termine, autonomamente, un compito assegnato, seppure in passato sia il suo rendimento che le vostre relazioni interpersonali siano sempre state buone e, frequentemente, lo hai lasciato libero di agire da solo.

Le soluzioni a cui potresti pensare sono:

A.   Intervenire immediatamente per ridefinire gli obiettivi.

B.   Lasciare che il dipendente trovi, da solo, il modo per uscirne.

C.   Impegnarsi, insieme al dipendente, per trovare la soluzione del problema.

D.   Incoraggiare il dipendente a continuare a lavorare da solo, ma sostenendone gli sforzi.

Sarebbe errato regredire da una situazione di delega completa, che in ogni modo non può essere mantenuta, a uno stile direttivo puro, la migliore alternativa è la D, che lascia al dipendente autonomia ma con l'azione di supporto del supervisore.

Dobbiamo, per completare il quadro, prendere in considerazione un ulteriore aspetto e domandarci come si manifesta la leadership all'interno di un gruppo, in termini di potere riconosciuto al capo. Abbiamo affermato che per leadership s'intende la capacità di guidare un gruppo verso un obiettivo, attraverso il consenso; la funzione del leader, rimanendo costante il concetto di guida attraverso il consenso, può però fondarsi su presupposti molto diversi tra loro. Esiste una leadership, così detta "di metodo", che si origina quando nel gruppo si rende necessaria un'azione di coordinamento e programmazione; questa leadership non è necessariamente sempre espressa dal capo funzionale ma è spesso riconosciuta a uno degli elementi del gruppo stesso senza che ciò metta necessariamente in discussione il potere del capo.

È simile il caso della leadership di "contenuto"; il gruppo riconosce come leader, tra i suoi membri, quello che possiede le maggiori conoscenze ed esperienze nel campo in cui il gruppo è chiamato a dare il suo contributo. Questa diventa una situazione ideale, quando il supervisore coincide con il leader di contenuto. L'ultima possibilità è quella riferita alla "leadership di potere"; le funzioni richieste al leader in questo caso sono:

- rappresentare il gruppo all'interno dell'azienda;

- esercitare il controllo sul gruppo ed erogare premi e punizioni;
- agire da figura paterna e rassicuratrice.

Questa figura, quando non scelta tra i membri del gruppo, è identificata come un *"capo imposto"*. I rapporti tra gli elementi del gruppo e il leader possono, indipendentemente dal tipo di leadership, evolvere verso tre distinte situazioni:

- verso un rapporto di dipendenza se al leader viene riconosciuto il potere;
- verso un rapporto di controdipendenza quando un o più elementi del gruppo si schierano contro il leader;
- verso un rapporto d'interdipendenza se il gruppo e il leader si confrontano sui contenuti razionali, prescindendo dai rapporti di potere.

Queste brevi osservazioni sulla leadership non possono essere ritenute esaustive di un argomento così complesso; lo scopo, come per le altre capacità e competenze discusse in questo libro, è quello però di sensibilizzare i capi alle problematiche connesse con il loro ruolo.

SEGRETO n. 28: prendere coscienza della necessità di acquisire o sviluppare conoscenze, comportamenti e tecniche che, non sempre, costituiscono il naturale profilo di una persona, rappresenta una tappa importante verso una crescita professionale.

La gestione del tempo e delle deleghe

Il tempo è una risorsa incomprimibile e, considerando il suo impatto nel sociale, deve comprendere il tempo indispensabile alla vita (ad esempio per dormire), il tempo per lavorare e quello da dedicare al tempo libero.

La generica tendenza di chi ha elevate responsabilità in azienda è quella di comprimere il tempo libero e, spesso, anche il tempo indispensabile alla vita, a favore del tempo di lavoro. Bellissima la storiella, a questo proposito, pubblicata sul sito di Strategie Vincenti; non posso, ovviamente riportarla sul mio libro ma ti suggerisco di andarla a leggere a questo indirizzo URL http://www.strategievincenti.net/time-management-philosophy/

Chiunque abbia, infatti, un'attività di supervisione si deve confrontare con la percezione di una cronica mancanza di tempo e ciò provoca tensione e, talvolta, un senso di disistima per non riuscire a portare a termine i compiti assegnati nei tempi richiesti. Si è volutamente parlato di percezione perché un'analisi più approfondita potrebbe portare a una conclusione diversa.

SEGRETO n. 29: il tempo è realmente non sufficiente quando il risparmio ottenuto contraendo alcuni nostri impegni risulta inferiore all'incremento di cui avremmo bisogno per far fronte a quelli inderogabili.

Qualche volta si ha però la fortuna di scoprire che la contrazione, da un lato, compensa l'incremento necessario dall'altra o, addirittura, riusciamo, con la contrazione a creare degli spazi liberi. Alcune attività, frequentemente, vengono rimandate di continuo semplicemente perché sono considerate noiose e di scarso interesse, anche se la loro esecuzione richiederebbe un tempo oggettivamente contenuto.

Il risultato è che queste incombenze si accumulano provocando a volte conseguenze dannose e diventando nella peggiore delle ipotesi "delle grane" che ci rincorrono per essere evase! Altro problema sono le continue interruzioni del lavoro dovute a telefonate, chiacchiere dei colleghi, arrivo di mail ecc. Dobbiamo però ammettere che, nella maggior parte dei casi, tutto ciò è conseguenza di una personale mancanza di concentrazione che, inconsciamente, permette il verificarsi di questi contrattempi. È sufficiente quindi realizzare le condizioni ambientali per favorire il mantenimento della concentrazione rimandando a un momento più opportuno le "interazioni con l'esterno".

Molto spesso, e specialmente in azienda, il termine "urgente" è usato come sinonimo di "importante". È evidente che se tutto è certificato come "urgente" e richiesto in esecuzione per "ieri" c'è un'ansiogena e inadeguata valutazione delle priorità. È necessario, per porre rimedio a questo problema, compiere un'analisi delle proprie attività e verificare se è corretto il modo con cui ci assegniamo le priorità e responsabilità. Le attività di un supervisore si possono, da un punto di vista generale, suddividere in due grandi aree: attività manageriali e attività tecniche.

Quali sono le attività che possiamo definire manageriali? Sono quelle che presuppongono la presa di decisioni o lo studio di strategie, il mantenimento di rapporti interfunzionali, la compilazione di piani o rapporti, le analisi di dati di mercato o di dati aziendali, la partecipazione a corsi di formazione o sviluppo personale. Le attività tecniche sono quelle propriamente legate al ruolo aziendale e dunque di coordinamento amministrativo o di contabilità nel caso si appartenga all'amministrazione, di assistenza tecnica se si lavorasse nel reparto di produzione, di lavoro sul campo nel caso si fosse un supervisore di vendita. Sono poi considerate attività tecniche la partecipazione alle riunioni, le telefonate ecc.

È dunque chiaro che un capo deve darsi delle priorità e questo esercizio richiede una certa attenzione, poiché, per motivi psicologici, si possono fare delle scelte errate. È capitato a tutti di rimandare la discussione o l'analisi di un difficile problema nella speranza che, col tempo, si risolvesse da solo. Gli esperti del settore suggeriscono un approccio più scientifico, basato sulla constatazione che bisogna distinguere ciò che è urgente da ciò che è importante.

SEGRETO n. 30: urgente è un compito che deve essere portato a termine in un tempo definito, a breve scadenza; importante è un compito che, se realizzato, produce significativi risultati per la struttura.

La combinazione di questi due fattori porta a quattro diverse situazioni che così possono essere rappresentate:

- Situazione di bassa urgenza e scarsa importanza; ovviamente questi sono gli aspetti a cui si può dare la minima priorità in quanto, anche se rimandati non produrranno danni significativi. Rientrano in questo settore la routine, il disbrigo della corrispondenza, il controllo della posta elettronica, le telefonate, l'attività di relazioni pubbliche interaziendali.

- Situazioni di bassa urgenza ma di alta importanza: sono quei compiti che richiedono di essere gestiti con la così detta manutenzione e pianificazione, per evitare che si trasformino in problemi importanti ed urgenti.

- Situazioni di significativa importanza e alta urgenza; sono gli aspetti a cui dare la massima priorità. Si tratta delle crisi aziendali e, spesso, dei programmi giunti a scadenza.

- Situazioni di relativamente modesta importanza ma molto urgenti; rientrano in questa categoria la partecipazione alle riunioni aziendali, la redazione dei rapporti di attività, visite o viaggi e la soluzione di specifici problemi tecnici. Questi sono i casi nei quali, almeno in parte, il capo può esercitare il potere della delega.

L'esercizio della delega ci riporta a qualche concetto già trattato nell'argomento leadership; un capo è in grado di esercitare questo potere nel momento in cui può contare su alcuni dipendenti maturi, competenti nelle loro mansioni e con alcune caratteristiche che li rendono potenzialmente sviluppabili per altre responsabilità.

Questo è un importante prerequisito, poiché, nel delegare, non si compie solo un'attività di formazione, ma si affida ad altri compiti di cui, però si rimane i responsabili finali.

SEGRETO n. 31: si delega l'autorità di agire e di rappresentarci ma non la responsabilità nei confronti dell'azienda, che rimane sempre in capo al delegante.

Alcuni comportamenti manageriali risultano indispensabili per effettuare una reale attività di delega.

- *Delegare progetti*: assegnare dei compiti a un dipendente non significa delegare. La delega presuppone di aver fissato degli obiettivi, definito i mezzi, dato l'addestramento, se necessario, e chiarito modi e tempi di realizzazione. Esempi significativi possono essere l'incarico a effettuare relazioni tecniche, ad addestrare personale neo assunto, a compiere le interviste di selezione, ad effettuare rapporti funzionali.

- *Condividere le responsabilità*: la delega delle decisioni non significa che il leader abbandoni le proprie responsabilità. Il capo che delega conserva la responsabilità delle decisioni del suo subordinato. Se il delegato fallisce in modo irrefutabile, la colpa è anche del capo che ha sopravvalutato le capacità del subordinato.

- *Effettuare un adeguato controllo*: il collaboratore a cui si è delegato un incarico deve essere lasciato operare in piena autonomia. Il delegante, a intervalli concordati, deve tenersi informato sui risultati delle attività delegate, verificandone il posizionamento rispetto agli obiettivi fissati. Questo permette di porre in atto azioni correttive, laddove fosse necessario rimediare ad eventuali errori. Il capo, dunque, non dovrebbe intervenire durante il periodo che va dalla determinazione degli obiettivi sino alla valutazione dei risultati, se non per motivi eccezionali.

Possiamo dunque concludere che l'esercizio della delega può risultare, per un capo, molto efficace per diversi motivi: gli permette, entro certi limiti, un miglior utilizzo del proprio tempo, è un mezzo per aumentare la produttività del gruppo, è utile per sviluppare i dipendenti, aiuta, talvolta, a trovare soluzioni innovative.

RIEPILOGO DEL GIORNO 6:

- SEGRETO n. 27: esistono diversi stili di leadership e un capo li deve saper usare tutti, secondo gli individui e le circostanze con cui si deve confrontare.

- SEGRETO n. 28: prendere coscienza della necessità di acquisire o sviluppare conoscenze, comportamenti e tecniche che, non sempre, costituiscono il naturale profilo di una persona, rappresenta una tappa importante verso una crescita professionale.

- SEGRETO n. 29: il tempo è realmente non sufficiente quando il risparmio ottenuto contraendo alcuni nostri impegni risulta inferiore all'incremento di cui avremmo bisogno per far fronte a quelli inderogabili.

- SEGRETO n. 30: urgente è un compito che deve essere portato a termine in un tempo definito, a breve scadenza; importante è un compito che, se realizzato, produce significativi risultati per la struttura.

- SEGRETO n. 31: si delega l'autorità di agire e di rappresentarci ma non la responsabilità nei confronti dell'azienda, che rimane sempre in capo al delegante.

GIORNO 7:

Costruire il gruppo

Dobbiamo necessariamente dedurre, collegando molte delle considerazioni fatte nei precedenti capitoli, che per un capo è di fondamentale importanza possedere la capacità di formare il gruppo. Il capo che possiede a un giusto livello questa capacità è in grado di mettere in atto una serie di comportamenti tesi ad amalgamare le persone, a condividere con i dipendenti vittorie e successi, a incoraggiare il dialogo, a creare senso di appartenenza e, infine, a tenere alto il morale del team. È utile, pertanto, approfondire le conoscenze sulle dinamiche dei gruppi, chiarire il funzionamento e il potenziamento dei gruppi, apprendere le tecniche d'influenzamento all'interno dei gruppi e comprendere come ottimizzare la capacità di lavorare in gruppo.

Cosa è un gruppo? Secondo M.S. Olmsted è «una pluralità d'individui che sono in contatto reciproco, tengono conto gli uni degli altri e hanno coscienza di aver un obiettivo comune». I gruppi, da un punto di vista teorico, si possono dividere in tre grandi categorie: Difesi, Attaccanti e Presidiatori. (tabella n. 1)

tab. n. 1 – categorie dei gruppi

	Gruppo Difeso	**Gruppo Attaccante**	**Gruppo Presidiatore**
Quando vince	Non è mai euforico; tende a vedere il costo della vittoria.	Aumenta la coesione, non enfatizza la vittoria, ma la usa come deterrente per gli altri.	Si autogratifica, enfatizza la vittoria e fa sapere agli altri che vincerà ancora.
Quando perde	Riduce la coesione; cerca i colpevoli all'esterno e all'interno (capro espiatorio).	Richiama alla coesione, utilizza l'errore come apprendimento. Aumenta la tensione verso l'obiettivo.	Minimizza l'episodio, cerca i colpevoli all'esterno; aggiusta le procedure.
Come coopta	Con estrema cautela in base alla affidabilità personale e alla omogeneità. Espelle i devianti.	In base al contributo che può essere dato. Espelle chi dubita della vittoria.	In base al potere e allo status; tende a non espellere.
Comunicazioni interne	Informazioni caute e ridotte all'essenziale.	Informazioni utili e informali, basate sull'utilità contingente	Informazioni libere ma formali, basate sul potere di chi comunica.
Comunicazioni esterne.	Informazioni ridotte al minimo formali e, talvolta, ambigue.	Informazioni autoritarie e frequenti, talvolta contraddittorie.	Messaggi formali e paternalistici.
Problem solving	Soluzioni centrate sulla certezza delle decisioni.	Decisioni orientate al rischio; tende a delegare al leader del momento.	Decisioni orientate al consenso; tende all'unanimismo.

Questa distinzione è basata sulla differenza dei comportamenti adottati dagli appartenenti al gruppo in specifiche situazioni sociali e aziendali. Riconoscere il gruppo d'appartenenza o quello di cui si è a capo, permette di modulare i nostri comportamenti e comprendere le dinamiche che lo muovono. Un rapido controllo ai comportamenti messi in atto dai diversi gruppi porta a concludere che il più efficace è certamente quello Attaccante; si può notare che l'atteggiamento di tale gruppo, nelle diverse situazioni, è sempre di carattere assertivo, mirando alla coesione dei suoi componenti.

SEGRETO n. 32: la dinamica comportamentale di un gruppo è, in parte, conseguenza dello stile di leadership del capo ma anche frutto di una serie di situazione aziendali che, talvolta, hanno origini storiche.

Il gruppo Difeso può aver subito penalizzazioni in uno o più dei suoi componenti, temere processi di espulsione come ristrutturazioni, mobilità o cassa integrazione; ha dato o sta dando risultati non soddisfacenti per cui è sotto controllo. Il gruppo Presidiatore è tipico delle così dette caste; ha il potere o situazioni di privilegio e non vuole perderle. Il lato più negativo di questo gruppo è dato dal fatto che molte decisioni vengono prese per l'interesse del gruppo e non dell'azienda. Vediamo, allora, i meccanismi tipici dei gruppi che sono alla base dei loro differenti comportamenti; in linea di massima tali meccanismi riguardano tutte le situazioni di tipo collettivo, sono effetto delle relazioni tra i componenti, sono più facilmente osservabili all'interno di piccoli gruppi (10-15 persone), vanno capiti e interpretati per migliorare il funzionamento e l'efficacia del gruppo. Quali sono questi fenomeni?

- Nascita del leader.
- La struttura di potere.
- La teorizzazione.
- Il silenzio.
- La formazione dei sottogruppi.
- La ricerca del capro espiatorio.

Manifestazione della leadership e la struttura di potere: è sufficiente che un gruppo sia composto di due persone che, prima o poi, una delle due assumerà il ruolo di leader. Abbiamo visto, nel precedente capitolo che il contesto e le esigenze del gruppo determinano la qualità della leadership, emergente o imposta in un determinato momento. Si è anche detto che, una volta che la leadership si sia manifestata, possono venire a crearsi, tra il leader e i singoli elementi del gruppo, tre diversi tipi di rapporti: dipendenza, contro dipendenza e interdipendenza. Il rapporto che c'interessa approfondire, nell'ambito dell'argomento team building, è, per ovvie ragioni, quello della controdipendenza.

Un capo deve, frequentemente, affrontare questo tipo di situazione quando sia stato posto alla supervisione di un gruppo, senza esserne il suo leader naturale. Quali sono, allora, i comportamenti da mettere in atto, per neutralizzare atteggiamenti di contro dipendenza da parte di uno o più elementi del gruppo?

- Accettare che, in linea di principio, i conflitti non sono necessariamente negativi e che, se ben gestiti, possono portare a un aumento dell'efficacia del gruppo.
- Praticare l'ascolto attivo; è importante comprendere le ragioni di una differenza d'opinione con un dipendente e non scartare la possibilità che qualche buona idea ci possa venire anche da chi, in quel momento, non riconosce

appieno il nostro ruolo di leader. Non devi essere necessariamente d'accordo, devi solo essere certo di capire.

- Essere coerenti con tutti i dipendenti.

Ho conosciuto un general manager che affermava «**non sono pagato per essere cattivo, neanche per essere buono ma per essere giusto**». È una bella dichiarazione d'intenti, ma umanamente molto difficile da mantenere; è però possibile, con tutti i limiti dell'essere umano, comportarsi coerentemente con le proprie idee non solo con coloro che riconoscono la nostra autorità ma anche con quelli che la mettono in discussione.

SEGRETO n. 33: non trattare tutti elementi del team allo stesso modo; un buon capo tratta con ognuno in modo personale, pur rimanendo coerente ai propri principi, valori e convinzioni.

La teorizzazione: è l'espressione di un gruppo in difficoltà. Si resta sul dibattito astratto e non si prendono decisioni; si continua a parlare, ma non si agisce. È evidente che né il capo né i membri del gruppo desiderano esporsi e uscire da questa situazione richiede un notevole impegno. Ciò che dà energia a un gruppo è un attacco comune, una comune visione; stabilisci obiettivi e valutazioni, spiega alle persone l'importanza di quello che fanno, offri e richiedi aiuto, sviluppa le persone con compiti arricchenti e sfidanti. Lentamente il gruppo crescerà, prenderà coscienza delle proprie debolezze ed imparerà a gestirle, utilizzando i propri punti di forza.

Pochi commenti ora sulle altre manifestazioni del gruppo; *il silenzio* è il sintomo di un forte atteggiamento di difesa, *la formazione di sottogruppi* si evidenzia, quando il gruppo appare minacciante verso alcuni dei suoi elementi e, infine, *la ricerca del capro espiatorio* è la polarizzazione di tutte le difficoltà e le resistenze del gruppo verso uno dei suoi membri.

È ora tempo di vedere, in unico quadro riassuntivo, le caratteristiche del gruppo che lavora bene.

Caratteristiche di un gruppo che funziona bene: ordine di importanza

1.   Spirito di competizione tra i componenti.

2.   Tensione verso l'obiettivo.

3.   Senso del noi.

4.   Leadership condivisa.

5.   Tensione verso la qualità della relazione.

6.   Scambio aperto di informazioni.

7.   Espressione palese dell'aggressività.

8.   Chiarezza degli obiettivi del gruppo.

9.   Sospensione dei conflitti.

10.   Velocità di lavoro rispettosa dei più deboli.

Solo alcuni commenti a questa lista che si spiega da sola; non deve meravigliare il fatto che lo spirito di competizione tra i componenti sia considerato il fattore più importante, in assoluto, affinché il gruppo funzioni bene.

È sottointeso che la competizione deve essere assertiva, sana e corretta. Si noti, anche, che è auspicata e ammessa una palese espressione dell'aggressività ma, subito dopo, si richiede l'accortezza di sospendere i conflitti, prima che degenerino in rissa.

Tutti vorrebbero lavorare in un gruppo perfetto, vale a dire un gruppo di esecutori, ognuno preparato nel suo campo, ma impegnati a ottenere, insieme, un risultato superiore alla somma di ciò che ciascuno otterrebbe con la sua singola attività. Molte organizzazioni teorizzano sui gruppi ma, poi, premiano il successo individuale, attirano e promuovono persone che non accettano l'idea di confrontare la propria prestazione con quella degli altri.

I gruppi, d'altro canto, anche se ad alcuni non piacciono, sono il modo migliore per realizzare compiti integrati come creare sistemi, realizzare prodotti complessi o sostenere sforzi coordinati. La chiave, dunque, per costruire gruppi di successo sta nell'identificazione dei ruoli, incarichi, premi e obiettivi che coinvolgano tutti gli elementi del gruppo stesso. Ti potrai sentire soddisfatto della maturità del gruppo se:

- i suoi membri possiedono competenze adatte a svolgere i compiti a loro assegnati;
- il team è disponibile ad assumere responsabilità correlate ai compiti;

- ogni singolo membro accetta di condividere gli obiettivi comuni.
- il team è disposto a porsi obiettivi sfidanti.

La conduzione delle riunioni di gruppo
SEGRETO n. 34: la conduzione delle riunioni è un momento importante e impegnativo per qualunque capo; importante perché rivela se e come ha sviluppato il gruppo e impegnativo poiché mette in gioco, pubblicamente, la sua leadership.

È necessario premettere qualche breve cenno sulle comunicazioni che, nella formulazione più semplice, sono definite come un processo dove una persona invia un messaggio a un'altra o a un gruppo che lo riceve; le comunicazioni, però, per esseri efficaci devono rispettare alcuni principi:

- il messaggio, qualunque sia l'argomento e l'approfondimento, dovrebbe essere breve e semplice. Gli americani chiamano, simpaticamente, questo principio KISS cioè *keep it short & simple*;

- l'efficacia del messaggio, anche se formulato in modo chiaro e semplice, dipende dalla capacità dell'uditorio di capirlo e interpretarlo;

- non è possibile determinare il grado di comprensione del messaggio, senza ricevere commenti in tal senso.

Il coinvolgimento dei capi nel condurre riunioni di gruppo può variare moltissimo da azienda ad azienda, secondo la cultura in atto; anche se rari, sono però momenti di vita aziendale molto significativi, dove vengono esaltati pregi o difetti della leadership e che presuppongono un minimo di conoscenza sulle dinamiche dei gruppi. L'obiettivo sarà, dunque, quello di sensibilizzarti sugli aspetti critici delle riunioni, in modo che tu possa vantaggiosamente utilizzarle come momenti formativi ed evitare di cadere in qualche insidioso tranello, talvolta nascosto in esse.

L'esigenza primaria di tenere una riunione nasce dalla necessità di comunicare rapidamente lo stesso messaggio a un gruppo di dipendenti. Gli argomenti possono essere piani di addestramento, preparazione per il lancio di prodotti, informazioni su modifiche alle politiche aziendali, commento ai risultati del team.

Si tratta in ogni caso di una comunicazione che il capo deve fare ai propri dipendenti e che, in taluni casi, prevede anche una discussione di gruppo; onde evitare che questa rimanga sterile o addirittura generi divergenze e conflittualità con l'azienda, un capo dovrebbe prevederne un'adeguata pianificazione.

- Programma un tempo sufficiente; è penoso assistere a riunioni dove sono all'ordine del giorno troppi argomenti in un ristretto arco temporale. Non è approfondito alcunché, la comprensione è scarsa, la discussione non esiste e la motivazione è zero. É inoltre necessario prevedere dei momenti di break ogni due o tre ore, specie se l'impegno sarà per tutta la giornata. Gli orari d'inizio e di fine riunione devono tenere conto dei piani di viaggio, nel caso il vostro gruppo sia composto di dipendenti con diverse sedi di residenza e che, con vari mezzi, dovranno confluire nel luogo dell'incontro.

É particolarmente importante chiudere la riunione al tempo programmato, pena perdere l'attenzione di tutti quelli che devono viaggiare per ritornare alle sedi d'appartenenza;

nello stesso momento in cui incominceranno a capire che la riunione andrà ben oltre l'orario previsto, i loro pensieri si focalizzeranno sulla possibilità di perder il treno o l'aereo, su quali alternative avranno, con quanto ritardo arriveranno a casa e così via.

- Prepara sempre una scaletta, ipotizzando una distribuzione consequenziale degli argomenti con i relativi tempi; piazza comunicazioni e discussioni impegnative al centro della mattinata. Devi, infatti, tenere presente la fisiologica caduta dell'attenzione nel primo pomeriggio, dopo la pausa pranzo, ed evitare categoricamente di programmarli nell'ultima ora di riunione dove, di norma, si discutono solamente le varie ed eventuali.

- Abbi pronto materiale di supporto specie se devi commentare dati che prevedono l'esposizione di concetti quantitativi; tabelle, diapositive, diagrammi aiutano la comprensione e la ritenzione degli argomenti trattati.

L'attenzione si abbassa velocemente senza questi supporti visivi e correresti il rischio di trovarti con un uditorio in parziale catalessi.

- Controlla con ragionevole anticipo le condizioni del luogo di riunione, sia esso una sala nel complesso degli uffici dell'azienda o in una struttura alberghiera. Rumori per lavori in corso, caldo o freddo eccessivo, scarsa illuminazione, stanza o tavoli troppo piccoli per il numero dei partecipanti significano rovinare irrimediabilmente la riunione stessa.

Un secondo fattore critico potrebbe essere costituito dalla conoscenza non ottimale delle dinamiche di gruppo. È sufficiente, d'altro canto, concentrarsi solo su due elementi:
- come modulare i tuoi comportamenti;
- come gestire i comportamenti dei singoli partecipanti.

SEGRETO n. 35: condurre una riunione è, per molti versi, simile alla regia di una rappresentazione teatrale dove tu,

oltre a esserne il regista, sei anche uno degli attori insieme con altri personaggi.

Della regia si è detto prima, quindi vediamo adesso il tuo ruolo di attore. La prima regola è di non perdere mai l'attenzione del pubblico; quando hai la parola non essere statico. Sforzati di cambiare il tono di voce; certi passaggi vanno sottolineati, in altri si deve dare l'impressione di tranquillità, in altri ancora, se necessario, va mostrato il proprio disappunto, drammatizzando ciò che si sta dicendo. Lo stesso tono per ogni situazione dimostra assenza di emozioni e agisce da ninna nanna.

Calibra il linguaggio al livello culturale del gruppo che hai di fronte; l'uso di un linguaggio forbito, magari infarcito di termini stranieri o citazioni latine, diventa un inutile sfoggio di cultura se coloro che ti stanno di fronte non sono in grado di seguirti. Dopo cinque minuti il grado d'attenzione crollerà a zero. Sorveglia costantemente il comportamento del gruppo. Noti che qualcuno è spiritualmente assente e magari sta, con gran cura, disegnando ghirigori sul foglio che ha di fronte? Avvicinati lentamente alla sua sedia e, continuando a esporre il tuo pensiero, poniti alle sue spalle e rimani lì fintanto che il tuo uomo smetterà di comporre la sua opera d'arte.

Due partecipanti, evidentemente poco interessati al tuo intervento, parlottano continuamente a bassa voce, disturbando comunque coloro che vorrebbero sentirti? Fermati e, cortesemente, pregali d'informare il gruppo dell'argomento così importante su cui stanno discutendo, in modo che tutti possano dare il proprio contributo.

Sii categorico con i cellulari; in riunione vanno spenti! Può capitare che qualcuno dimentichi di farlo e fino a qui nulla di male; esistono, però, persone che, nonostante le raccomandazioni, lasciano volontariamente acceso il telefono e, se arriva una chiamata, pretendono di rispondere magari spostandosi in un angolo della sala o addirittura uscendo. Ti autorizzo a diventare una belva e, al primo intervallo, dopo esserti appartato, fai notare al nostro soggetto quanto sia stato maleducato.

É previsto, come si diceva prima, che in alcuni momenti sia il gruppo a dover intervenire su argomenti così detti "a discussione"; incontriamo allora la piccola galleria di personaggi che dovremo, in qualche modo, gestire.

Il primo è, ovviamente, la **primadonna**; ha un bisogno assoluto di fare il suo teatrino personale, anche se, non sempre, possiede le più elevate conoscenze sull'argomento in discussione. Non dargli un po' di spazio sarebbe un errore, poiché ne subirebbe una pesante demotivazione e mortificazione. Il suo difetto è che, una volta presa la parola, non vuole più lasciarla; intervieni quando ti accorgi che, continuando a parlare, non aggiunge nulla di diverso da quanto ha già esposto. Pregalo, a questo punto, di lasciare anche ai colleghi la possibilità di esprimere le loro opinioni.

Secondo personaggio è la **spalla**; è il dipendente sul quale riponi stima e fiducia professionale, in quanto ti ha dimostrato di comportarsi costantemente in maniera assertiva. É l'elemento cui dare la parola quando si voglia stimolare la riflessione del gruppo su un argomento che ha provocato obiezioni e contrasti, senza mettersi in gioco direttamente ed evitando così di esprimere la posizione aziendale in termini autoritari.

É utile il suo intervento anche quando una discussione stenta a decollare poiché gli altri membri sono timorosi di esporsi per primi. Una vera spalla riesce a compiere i suoi interventi senza che siano necessari accordi preventivi ma, in taluni casi, particolarmente impegnativi, è meglio prepararla in anticipo onde non farla trovare in situazioni imbarazzanti. Altra figura di rilievo è il **manipolatore**. Ha una sua indelebile caratteristica; in riunione, nei momenti di contrasto con le argomentazioni aziendali, non esprime la sua opinione, ma è invece attivissimo durante gli intervalli o al termine della riunione. Egli cerca, in queste pause, di ottenere consensi da parte dei colleghi cui delega il compito di far sentire la sua voce; non c'è molto da fare con questo elemento anche perché solo raramente è veramente pericoloso.

Alla prima occasione, se puoi affermarlo senza tema di essere smentito, fai notare al tuo uomo che esprimere la propria opinione pubblicamente non ha mai danneggiato alcuno in azienda. Il **passivo** è un altro personaggio; qualunque cosa succeda in riunione, lui ha altri fatti cui pensare e, se è scaltro, usa questa tecnica: coglie il momento giusto per far sentire la sua voce e dimostrarvi che partecipa ma, subito dopo, ripiomba nel più totale menefreghismo.

Ho avuto, in uno dei gruppi che ho diretto, un perfetto esemplare della razza. Devo premettere che a quei tempi era ancora permesso fumare in azienda; rimasi di sasso quando, durante una riunione, mi accorsi che il nostro amico, seduto in fondo al tavolo e indossando occhiali neri, era profondamente impegnato a far salire anelli di fumo verso il soffitto!

Il comportamento si ripeté malgrado avessi messo in atto i classici interventi del caso; portarsi vicino a lui, fargli delle domande a bruciapelo, invitarlo ad esprimere più frequentemente la sua opinione. Ottenni di farlo smettere, coinvolgendo il gruppo, durante una delle sue esibizioni; sentitosi osservato e schernito da tutti i colleghi, il nostro amico non si cimentò più nel suo esercizio preferito.

Ancora un personaggio che non è detto sia presente in tutti i gruppi: il **leader naturale**; se tu sei un capo imposto, può capitarti di dover gestire attentamente, durante le riunioni, i comportamenti di questo attore. La leadership può avere origini diverse; gli è riconosciuta giacché più anziano ed esperto del gruppo, o per le sue più elevate conoscenze e capacità o perché rappresentante sindacale. É chiaro che difficilmente potrai considerarlo come spalla; è, in certe occasioni, il personaggio più difficile da gestire perché, da un lato, non è conveniente creare motivi di aperto contrasto ma, dall'altro, non è corretto tollerarne qualunque comportamento nel timore di trovarsi poi contro tutto il gruppo.

Parti dal presupposto che, se è riconosciuto come leader naturale, deve effettivamente avere delle qualità e dunque utilizzale, specie se queste sono di carattere tecnico; ad esempio nulla vieta di affidare a lui una parte della riunione se questa verte su argomenti nei quali l'uomo è molto competente. Più complesso è il caso di una leadership derivante da cariche sindacali; con questi personaggi è necessario raggiungere dei gentleman agreement, basati sul reciproco rispetto dei ruoli.

Non è corretto che un rappresentante sindacale cerchi d'inserire, in una riunione di lavoro, tematiche che andrebbero gestite in altre sedi e discusse con i funzionari di risorse umane; sarebbe altrettanto scorretto, da parte tua utilizzare la riunione di lavoro per stigmatizzare comportamenti sindacali, nelle fasi che precedono o immediatamente seguono le trattative tra le parti. Limitati, in questi casi, se hai un rappresentante sindacale nel gruppo e se l'azienda te lo chiede, a descrivere con esattezza la posizione dell'azienda.

SEGRETO n. 36: chiedi di partecipare, saltuariamente, alle riunioni condotte da colleghi più competenti; lo scambio di esperienze ti permetterà di sviluppare rapidamente la tua abilità nel gestire le dinamiche di gruppo.

RIEPILOGO DEL GIORNO 7:

- SEGRETO n. 32: la dinamica comportamentale di un gruppo è, in parte, conseguenza dello stile di leadership del capo ma anche frutto di una serie di situazione aziendali che, talvolta, hanno origini storiche.

- SEGRETO n. 33: non trattare tutti elementi del tuo team allo stesso modo; un buon capo tratta con ognuno in modo personale, pur rimanendo coerente ai propri principi, valori e convinzioni.

- SEGRETO n. 34: la conduzione delle riunioni è un momento importante e impegnativo per qualunque capo; importante perché rivela se e come ha sviluppato il gruppo e impegnativo poiché mette in gioco, pubblicamente, la sua leadership.

- SEGRETO n. 35: condurre una riunione è, per molti versi, simile alla regia di una rappresentazione teatrale dove tu, oltre a esserne il regista, sei anche uno degli attori insieme con altri personaggi.

- SEGRETO n. 36: chiedi di partecipare, saltuariamente, alle riunioni condotte da colleghi più competenti; lo scambio di esperienze ti permetterà di sviluppare rapidamente la tua abilità nel gestire le dinamiche di gruppo.

CONCLUSIONE

I fatti, le esperienze e i ragionamenti dei precedenti capitoli, dovrebbero permettere di condividere alcune osservazioni. La prima ovviamente riguarda l'intento del libro; ammettere che "capi non si nasce" spero appaia come logica conseguenza di tutte le prove portate a sostegno di questa tesi. Raggiungere una significativa maturità nella gestione del personale è un processo che richiede un grande impegno, voglia di apprendere e flessibilità nel modificare i propri comportamenti inefficaci.

Si può, ora, rispondere con il loro stesso esempio a chi sostiene che, per insegnare a una persona a nuotare la cosa più pratica e gettarlo in mare. Esistono, intanto, persone che affogherebbero anche in mezzo metro d'acqua e che, pertanto, vanno immediatamente riportate a riva; bisogna poi intendersi sul significato di "nuotare".

Quando una persona senza esperienza viene gettata per la prima volta in mare, non nuota ma, annaspando, riesce appena a galleggiare; ammettiamo pure che sia particolarmente dotata e dopo poco riesca veramente a nuotare. Quanto ci metterà a farlo con velocità e stile se nessuno gli insegna i movimenti fondamentali di una nuotata efficace?

La seconda osservazione riguarda proprio i metodi di sviluppo del nostro capo-nuotatore; non c'è bisogno, almeno all'inizio, di farlo diventare un campione olimpionico, ma sarà sufficiente insegnargli, appunto, i movimenti fondamentali. Questi però non s'imparano leggendo solamente un manuale o vedendo qualche filmato di gare o andando a sentire una bella chiacchierata di un maestro di nuoto; è necessario che, per un certo periodo, qualcuno, già esperto, lo segua in piscina e, osservandolo, gli faccia notare quali movimenti sta sbagliando, suggerendogli come correggerli.

La terza e ultima osservazione verte, invece, sull'uso del sistema delle competenze; la storia è piena di fallimenti in aziende che, indirizzate dai propri consulenti, avevano cercato di costruire sistemi megagalattici, rivelatisi poi molto macchinosi e non accettati dai dipendenti.

Il sistema delle competenze ha, per contro, una notevole efficacia, poiché chiarisce ai dipendenti quali sono i valori importanti per l'azienda e quali comportamenti si devono adottare per raggiungere l'eccellenza nel proprio lavoro; bisogna però limitarsi a descrivere i valori fondamentali, i pochi comportamenti significativi per ogni ruolo aziendale e fornire indicatori di comportamento, espressi in maniera semplice, evitando l'uso di concetti involuti e difficilmente interpretabili.

Mi sembra giunto il momento di chiudere con una battuta di Winston Churchill a cui fu chiesto: «Leader si nasce o ci si diventa?». Il più famoso statista e condottiero di quel tempo rispose: «Io non sono nato leader, io sono nato bambino».

APPENDICE

Libreria delle capacità e delle caratteristiche personali

tab. 1 – Valutazione della capacità organizzativa

Capacità	Livelli di possesso	Comportamenti espressi
Predisporre la propria attività in conformità a piani precisi, definendo obiettivi, tempi e azioni che utilizzano in modo efficace le risorse affidate.	CORRETTO	Riesce a mobilitare le risorse (persone mezzi e strumenti) per realizzare gli obiettivi. È capace di condurre molteplici attività contemporaneamente per raggiungere un obiettivo. Usa le risorse in modo efficiente ed efficace. Organizza e inquadra le informazioni in modo utile.
	IN DIFETTO	Non è capace di mettere insieme le risorse. Le prestazioni diminuiscono all'aumentare delle attività condotte simultaneamente. Si fida troppo di se stesso. Non è in grado di prevedere quando gli impegni aumenteranno e richiederanno diverse attività.

tab. 2 – Valutazione della capacità di relazionarsi con gli altri

Capacità	Livello di possesso	Comportamenti espressi
L'organizzazione trae notevoli vantaggi quando le relazioni tra pari funzionano; si ha, infatti, un uso più efficiente sia del tempo sia delle risorse ed un facile scambio d'idee e talenti.	CORRETTO	Sa risolvere i problemi con i suoi pari livello, senza rumore. É riconosciuto come un buon elemento nel gruppo e sa cooperare. Sa facilmente guadagnarsi stima e supporto. É in grado di sostenere i propri interessi, rimanendo comunque in buoni rapporti con gli altri.
	IN DIFETTO	Non sa condurre eleganti trattative o capire quali siano le aspettative e i bisogni degli altri. Non è aperto alla negoziazione. É un solitario e non è visto come un buon elemento del gruppo. Può essere molto competitivo e manipolatorio.

tab. 3 – Valutazione della caratteristica perseveranza

Caratteristica	Livello di possesso	Comportamenti espressi
Perseverare significa mantenere il proprio obiettivo a dispetto dei primi risultati negativi. Le persone perseveranti alla fine riescono a ottenere un risultato.	CORRETTO	Persegue ogni iniziativa con energia, spinta e con il desiderio di portarla a termine. Rinuncia raramente a ciò che si sta facendo anche a dispetto di resistenze o d'iniziali insuccessi.
	IN DIFETTO	Rinuncia troppo presto; non spinge abbastanza perché le cose siano fatte. Non considera differenti strategie nei tentativi successivi. Esita a spingere quando ci si trova di fronte a conflitti, disaccordi o attacchi. Accetta compromessi inferiori all'obiettivo originale.

tab. 4 – Valutazione della caratteristica "orientato al risultato"

Caratteristica	Livello di possesso	Comportamenti espressi
Impegnarsi per raggiungere obiettivi e traguardi difficili, fissati da altri.	CORRETTO	Supera, di regola, i risultati attesi È sempre tra i migliori del gruppo. Tiene sempre sotto pressione se stesso e gli altri.
	IN DIFETTO	Perde tempo e risorse su lavori non essenziali. Non è impegnato ad ottenere ciò che vuole. Rimanda tutto ciò che gli dà impedimento. Fa il minimo indispensabile.

tab. 5 – Valutazione della capacità di pianificazione

Caratteristica	Livello di possesso	Comportamenti espressi
Definire obiettivi, tempi e risorse di cui si avrà bisogno per ottenere i risultati attesi.	CORRETTO	Individua accuratamente tempi e difficoltà nei compiti e progetti. Definisce scopi ed obiettivi. Sviluppa calendari di attività. Misura le prestazioni rispetto agli obiettivi.
	IN DIFETTO	Fa le cose all'ultimo momento. Non segue un metodo per fissare obiettivi e progetti. Non è a suo agio con le procedure. Lavorare con lui e per lui disorienta.

tab. 6 – Valutazione della caratteristica "flessibilità"

Caratteristica	Livello di possesso	Comportamenti espressi
Adattarsi con successo ai cambiamenti richiesti e alle nuove condizioni.	CORRETTO	Riconosce la validità dei punti di vista degli altri. Si adatta facilmente ai cambiamenti di situazione sul lavoro. Applica in modo flessibile le regole e le procedure, per realizzare gli obiettivi aziendali. Cambia il proprio comportamento o modo di lavorare per adattarsi alla situazione.
	IN DIFETTO	Si attiene caparbiamente e in maniera controproducente alle proprie opinioni, tattiche o metodi. Segue sempre le procedure

tab. 7 – Valutazione della caratteristica "spirito di collaborazione"

Caratteristica	Livello di possesso	Comportamenti espressi
Riuscire a trovare un terreno d'intesa con i colleghi e a risolvere i problemi per il bene comune.	CORRETTO	Rappresenta i suoi interessi, ma riconosce anche gli interessi degli altri. Ottiene facilmente la fiducia ed il sostegno dei colleghi. Incoraggia la collaborazione Fa gioco di squadra.
	IN DIFETTO	Non ha buone relazioni interpersonali. Non è disponibile al negoziato. Non ha in mente il bene comune. Non rispetta le funzioni ed il lavoro dei colleghi.

tab. 8 – Valutazione della caratteristica "fiducia in se stesso"

Caratteristica	Livello di possesso	Comportamenti espressi
Valutare correttamente le proprie capacità e sfruttare efficacemente i propri punti di forza.	CORRETTO	Conosce i propri punti di forza e di debolezza. Ricerca feed-back dagli altri. É aperto alle critiche. Ricava nuove idee dagli errori Non si mette sulla difensiva É disponibile a parlare dei suoi limiti.
	IN DIFETTO	Non conosce i suoi limiti. Non ascolta o impara dai feed-back. Trova sempre scuse o rimprovera gli altri. Evita di discutere di se stesso. É sorpreso dalle valutazioni personali negative.

Inventario delle competenze manageriali

(SHL - Development audit system for Pharmacia & Upjohn, giugno 1997)

tab. 1 – Qualità manageriali

COMPETENZA	DEFINIZIONE
Leadership	Motiva e dà potere ai dipendenti per raggiungere gli obiettivi dell'impresa.
Planning & Organizing	Pianifica e organizza eventi, attività e risorse; stabilisce e controlla piani e programmi.
Orientamento alla qualità	Pone molta attenzione agli obiettivi e agli standard; si assicura che siano soddisfatti gli standard di produttività e qualità.
Capacità di persuasione	Influenza e convince gli interlocutori in modo da ottenere accettazione, accordo o cambiamenti di comportamento.

tab. 2 – Qualità professionali

Competenze tecniche	Dimostra conoscenze approfondite e abilità connesse alla sua mansione; apprende facilmente e si tiene aggiornato nelle aree specialistiche.
Analisi e soluzione problemi	Analizza i problemi e li separa nei loro componenti; basandosi su informazioni pertinenti giudica in modo sistematico e razionale.
Comunicazioni orali	Parla chiaramente in modo convincente sia in gruppo sia nei colloqui individuali. Applica l'ascolto attivo.
Comunicazioni scritte	Scrive in modo chiaro e conciso, usando la grammatica, lo stile e il linguaggio appropriato per il lettore.

tab. 3 – Qualità imprenditoriali

Sensibilità commerciale	Capisce e applica i principi commerciali e finanziari; vede i problemi in termini di costi, profitti, mercati e valore aggiunto.
Orientamento al cliente	Si preoccupa di fornire al cliente un servizio rapido ed efficiente; si assicura che le necessità del cliente siano soddisfatte.
Creatività e innovazione	Scopre nuovi e creativi approcci alle problematiche del lavoro. Mostra la volontà di mettere in discussione gli approcci tradizionali.
Decisione e iniziativa	Dimostra prontezza nel prendere decisioni; prende l'iniziativa ed entra in azione.
Impostazione strategica	Ha una visione strategica delle problematiche dei fatti e delle attività; riesce a percepire il loro impatto a lungo termine.

tab. 4 – Qualità personali

Lavoro di gruppo	Collabora con i colleghi al fine di perseguire gli obiettivi di gruppo; supporta i colleghi e li fa sentire apprezzati.
Flessibilità	Si adatta con successo ai cambiamenti richiesti e alle nuove condizioni.
Tolleranza allo stress	Rimane calmo, oggettivo e controllato anche in situazioni stressanti; sotto pressione mantiene stabile la prestazione. Accetta critiche senza assumere una difesa eccessiva.
Motivazione personale	É fortemente impegnato nel raggiungimento degli obiettivi: Mostra entusiasmo ed impegno nella carriera.

Questionario sui "comportamenti dominanti"

Introduzione

Questo esercizio richiede un coinvolgimento spontaneo perciò non devi riflettere troppo a lungo nel dare le tue risposte. Ti saranno proposte alcune affermazioni; laddove queste rispecchiassero il tuo abituale modo di agire, contrassegna la casella "piuttosto vero". Contrassegna la casella "piuttosto falso", se, per contro, non pensi e/o agisci come descritto.

1	Dico spesso di sì anche quando vorrei dire di no.	Piuttosto vero	Piuttosto falso
2	Difendo i miei diritti senza calpestare quelli degli altri.	Piuttosto vero	Piuttosto falso
3	Preferisco dissimulare quello che penso se non conosco bene le persone.	Piuttosto vero	Piuttosto falso
4	Sono piuttosto autoritario e deciso.	Piuttosto vero	Piuttosto falso
5	É in genere più facile e semplice agire per interposta persona che direttamente.	Piuttosto vero	Piuttosto falso
6	Non ho timore di criticare e di dire agli altri quello che penso.	Piuttosto vero	Piuttosto falso
7	Sul lavoro non oso rifiutare certi incarichi che chiaramente non riguardano le mie competenze.	Piuttosto vero	Piuttosto falso
8	Non esito a dare la mia opinione anche in faccia a interlocutori ostili.	Piuttosto vero	Piuttosto falso
9	Preferisco, quando c'è una discussione, tenermi in disparte per vedere come va a finire.	Piuttosto vero	Piuttosto falso
10	Mi si rimprovera talora d'avere spirito di contraddizione.	Piuttosto vero	Piuttosto falso
11	Ho difficoltà ad ascoltare gli altri.	Piuttosto vero	Piuttosto falso
12	Mi do da fare per raccogliere informazioni confidenziali sugli altri; questo mi torna utile.	Piuttosto vero	Piuttosto falso
13	Sono considerato persona che sa stabilire buone relazioni personali.	Piuttosto vero	Piuttosto falso

14	Ho con gli altri dei rapporti fondati sulla fiducia piuttosto che sul dominio o sul calcolo.	Piuttosto vero	Piuttosto falso
15	Preferisco non chiedere aiuto a un collega di lavoro; potrebbe pensare che non sono competente.	Piuttosto vero	Piuttosto falso
16	Sono timido e mi sento bloccato tutte le volte che devo fare qualcosa che non mi è abituale.	Piuttosto vero	Piuttosto falso
17	Mi si definisce un "bonaccione"; la cosa m'innervosisce e questo fa ridere gli altri.	Piuttosto vero	Piuttosto falso
18	Mi trovo a mio agio nei rapporti "faccia a faccia".	Piuttosto vero	Piuttosto falso
19	Recito spesso la commedia; come fare altrimenti per arrivare ai propri obiettivi?	Piuttosto vero	Piuttosto falso
20	Sono prepotente e tolgo la parola agli altri senza rendermene conto in tempo.	Piuttosto vero	Piuttosto falso
21	Sono ambizioso e sono pronto a fare ciò che serve per arrivare.	Piuttosto vero	Piuttosto falso
22	In genere so sempre chi bisogna contattare e quando; per riuscire ciò è importante.	Piuttosto vero	Piuttosto falso
23	In caso di disaccordo, io ricerco il compromesso realistico sulla base degli interessi comune.	Piuttosto vero	Piuttosto falso
24	Preferisco giocare a carte scoperte.	Piuttosto vero	Piuttosto falso
25	Ho la tendenza a rimandare a più tardi ciò che devo fare.	Piuttosto vero	Piuttosto falso
26	Lascio spesso un lavoro in sospeso senza terminarlo.	Piuttosto vero	Piuttosto falso

27	In genere mi presento per quello che sono, senza dissimulare i miei sentimenti.	Piuttosto vero	Piuttosto falso
28	Ce ne vuole per intimidirmi!	Piuttosto vero	Piuttosto falso
29	Far paura agli altri è spesso un buon mezzo per prendere il potere.	Piuttosto vero	Piuttosto falso
30	So prendere la mia vendetta, al momento buono, quando mi hanno incastrato una prima volta.	Piuttosto vero	Piuttosto falso
31	Per criticare qualcuno è spesso sufficiente rimproverargli di non seguire i suoi principi.	Piuttosto vero	Piuttosto falso
32	In genere riesco a sbrogliarmela e trarre partito dal sistema.	Piuttosto vero	Piuttosto falso
33	Sono capace d'essere me stesso, pur continuando a essere accettato socialmente.	Piuttosto vero	Piuttosto falso
34	Oso dirlo senza enfasi e riesco a farmi capire, quando non sono d'accordo.	Piuttosto vero	Piuttosto falso
35	Desidero non importunare gli altri.	Piuttosto vero	Piuttosto falso
36	Ho difficoltà a prendere posizione e a scegliere.	Piuttosto vero	Piuttosto falso
37	In gruppo non mi piace essere la sola persona con un parere diverso dagli altri; in questo caso preferisco tacere.	Piuttosto vero	Piuttosto falso
38	Non ho paura di parlare in pubblico.	Piuttosto vero	Piuttosto falso
39	La vita è basata su rapporti di forza e di lotta.	Piuttosto vero	Piuttosto falso

40	Non ho paura di accettare delle sfide pericolose e rischiose.	Piuttosto vero	Piuttosto falso
41	Creare dei conflitti può essere più efficace che ridurre le tensioni.	Piuttosto vero	Piuttosto falso
42	Essere franchi è un buon mezzo per stabilire un rapporto di confidenza.	Piuttosto vero	Piuttosto falso
43	So ascoltare e non tolgo la parola.	Piuttosto vero	Piuttosto falso
44	Porto a conclusione quello che ho deciso di fare.	Piuttosto vero	Piuttosto falso
45	Non ho paura di esprimere i miei sentimenti così come li sento.	Piuttosto vero	Piuttosto falso
46	So convincere facilmente le persone ad aderire alle mie idee.	Piuttosto vero	Piuttosto falso
47	Adulare in privato le persone, resta ancora un buon mezzo per ottenere quello che si vuole.	Piuttosto vero	Piuttosto falso
48	Ho difficoltà a controllare la lunghezza dei miei discorsi.	Piuttosto vero	Piuttosto falso
49	So essere ironico, in modo pungente.	Piuttosto vero	Piuttosto falso
50	Sono servizievole e accomodante; talvolta lascio anche che gli altri se ne approfittino un po'.	Piuttosto vero	Piuttosto falso
51	Invece di partecipare preferisco osservare.	Piuttosto vero	Piuttosto falso
52	Non amo essere in prima linea; preferisco essere nelle riserve.	Piuttosto vero	Piuttosto falso

53	Io penso che la manipolazione non sia una soluzione efficace.	Piuttosto vero	Piuttosto falso
54	É pericoloso esprimere troppo presto le proprie intenzioni.	Piuttosto vero	Piuttosto falso
55	Cerco d'impressionare spesso le persone con i miei propositi.	Piuttosto vero	Piuttosto falso
56	Preferisco essere lupo piuttosto che agnello.	Piuttosto vero	Piuttosto falso
57	Manipolare gli altri è, spesso, il solo mezzo pratico per ottenere quello che si vuole.	Piuttosto vero	Piuttosto falso
58	In genere so protestare con efficacia, senza essere eccessivamente aggressivo.	Piuttosto vero	Piuttosto falso
59	Sono convinto che i problemi non possono essere veramente risolti, senza cercarne le cause profonde.	Piuttosto vero	Piuttosto falso
60	Non mi piace essere malvisto.	Piuttosto vero	Piuttosto falso

Scheda di valutazione:"i propri comportamenti dominanti"

Individua tutte le affermazioni alle quali hai risposto "piuttosto vero"; per ognuna di queste assegna un punto e riportalo nella tabella sottostante in corrispondenza dei numeri che identificano tali affermazioni. Calcola il totale di ogni colonna.

Comportamento 1		Comportamento 2		Comportamento 3		Comportamento 4	
1		4		3		2	
7		6		5		8	
15		10		9		14	
16		11		12		18	
17		20		13		23	
25		21		19		24	
26		28		22		27	
35		29		31		33	
36		30		32		34	
37		39		41		38	
50		40		42		43	
51		48		46		44	
52		49		47		45	
59		55		54		53	
60		56		57		58	
Totale		Totale		Totale		Totale	

Interpretazione dei risultati

Invia la scheda di valutazione all'indirizzo e-mail: info@tutor-advisor.it, e riceverai l'interpretazione del test; ogni individuo mette in atto tutti e quattro gli stili di comportamento, secondo le diverse situazioni che deve affrontare ma, in funzione del proprio bilancio tra orientamento alla persona e orientamento al risultato, adotterà, in prevalenza, un particolare comportamento; **quello sarà il comportamento dominante.**

Un secondo comportamento sarà usato come alternativa più frequente a quello dominante; i due rimanenti comportamenti saranno marginali per quello specifico individuo. Verifica, quando riceverai la decodifica, la composizione del tuo profilo.

Questionario sulla capacità di influenzamento

Introduzione

Non vi sono risposte giuste o sbagliate nel compilare questo questionario. Esso ti può essere d'aiuto nell'analizzare il tuo comportamento ogniqualvolta ti accingerai a persuadere o influenzare altre persone sia in situazioni di colloquio a due o di gruppo. Ti saranno proposte diverse alternative di comportamento; è importante scegliere quelle che più si avvicinano ai tuoi comportamenti abituali e non quelle che descrivono comportamenti che ti piacerebbe adottare.

Se sei completamente d'accordo con un'alternativa in quanto rappresenta il tuo comportamento dominante e in disaccordo con le altre due, assegna un 3 all'alternativa prescelta e uno 0 alle altre due. Si potranno pertanto presentare le seguenti situazioni:

(1)	(2)	(3)
A = 3	A = 0	A = 0
B = 0	B = 3	B = 0
C = 0	C = 0	C =3

Se concordi con un'alternativa in quanto è un tuo comportamento frequente, ma parzialmente anche con una seconda poiché utilizzi talvolta anche quel comportamento, mentre per la terza sei in completo disaccordo, puoi esprimere un 2 per la preferita un 1 per la seconda e uno 0 per la terza. Si potranno presentare sei diverse combinazioni:

(1)	(2)	(3)	(4)	(5)	(6)
A =2	A =2	A =0	A =0	A =1	A =1
B =1	B =0	B =2	B =1	B =2	B =0
C =0	C =1	C =1	C =2	C =0	C = 2

Infine se concordi con tutte e tre le situazioni, in quanto descrivono comportamenti che usi indifferentemente, scrivi 1 su ognuna delle tre scelte:

$$A = 1$$
$$B = 1$$
$$C = 1$$

1. Quando incontro una persona con la quale devo discutere una certa situazione o un problema, nei primi minuti io:		
A		Inizio con dei convenevoli per stabilire un buon rapporto e un clima caldo e amichevole prima di accennare ai motivi della mia visita.
B		Cerco di andare rapidamente al sodo, illustrando fatti e dati in mio possesso, in modo da far capire chiaramente all'interlocutore le mie idee e il modo in cui si dovrebbe agire.
C		Per prima cosa pongo delle domande, per rendermi conto di quanto già conosco l'interlocutore e, quindi, proseguo.
2. Quando ho iniziato a parlare della mia idea circa un problema e l'altra persona mi interrompe, ponendomi una domanda intempestiva, io:		
A		Faccio presente alla persona che gli risponderò più tardi, quindi continuo per non perdere il filo della mia esposizione.
B		Mi fermo e rispondo alla domanda che mi è stata posta.
C		Chiedo alla persona se è possibile rimandare la domanda a più tardi, quando sarei lieto di rispondere a tutte le sue richieste.
3. Quando, a seguito di una mia proposta o suggerimento, l'interlocutore non ha alcuna reazione, io:		
A		Gli chiedo se ha domande o commenti da fare.
B		Gli chiedo se desidera attendere del tempo per pensarci.
C		Gli ripeto i vantaggi e i punti più significativi della mia proposta

4.		**Quando ho fatto una proposta e l'interlocutore, pur ammettendo che è interessante, mi chiede del tempo per pensarci, io:**
A		Riassumo brevemente alcuni benefici che potrebbero andare persi se venissero ritardate le iniziative da me proposte.
B		Gli chiedo di dirmi quando sarebbe opportuno incontrarci di nuovo per parlare ancora della proposta.
C		Gli chiedo di spiegarmi quali aspetti della mia proposta desidera chiarire e sviluppare ulteriormente.
5.		**Quando, discutendo con un'altra persona, questa comincia a irritarsi, io:**
A		Cerco di ridurre la sua irritazione, reagendo in modo amichevole e aperto.
B		Cerco di accertarmi per quali motivi l'interlocutore si è irritato.
C		Cerco fermamente di difendere la mia posizione, facendo presente altre ragioni per le quali essa dovrebbe essere sostenuta e accettata.
6.		**Quando una persona, a fronte di un mio suggerimento, afferma che la sua situazione è unica e che non riesco a capirla, io:**
A		Rispondo citando altre situazioni che ho affrontato e che erano del tutto simili all'attuale caso.
B		Incoraggio la persona a parlarmi degli aspetti della sua situazione che considera unici.
C		Faccio presente alla persona che sono ben disposto a rivedere o modificare la mia proposta, accettando qualsiasi richiesta lui abbia da sottoporre.

7.		**Quando un elemento del gruppo di cui faccio parte, obietta che una mia proposta non sarà gradita agli altri appartenenti al gruppo, io:**
A		Faccio presente che non è mia intenzione indisporre il gruppo e gli chiedo quali cambiamenti suggerirebbe di apportare alla mia proposta perché gli altri siano soddisfatti.
B		Mi dico abbastanza sicuro che la maggior parte del gruppo la accetterà senza difficoltà, pur cosciente che non è possibile accontentare tutti.
C		Chiedo all'interlocutore di chiarirmi quali aspetti della mia proposta lui riterrebbe causa di malcontento nel gruppo.
8.		**Quando dopo aver presentato una proposta, qualcuno mi fa notare che sto cercando di apparire importante a sue spese e che ciò lo infastidisce, io:**
A		Gli chiedo di chiarirmi quali sono gli aspetti della mia proposta che gli fanno pensare che io mi preoccupo solo di me stesso e delle apparenze.
B		Gli rispondo che la mia proposta mi sembra vantaggiosa per tutti e che lui è, in effetti, troppo suscettibile.
C		Gli faccio presente che non era mia intenzione dare questa impressione e che per questo sono dispiaciuto.
9.		**All'inizio di una discussione in un gruppo, quando un membro esprime un'idea o un punto di vista contrario a quanto io avevo precedentemente esposto, generalmente:**
A		Chiedo alla persona di riconsiderare i motivi della sua opposizione o del suo punto di vista.
B		Propongo di rivedere alcuni aspetti del mio punto di vista.
C		Assumo una posizione decisa, difendo la mia idea e mi sforzo di convincere tutti gli altri membri del gruppo affinché concordino con il mio punto di vista.

10.		**Quando in un gruppo, dopo aver esposto le mie idee, mi accorgo che parecchi membri non esprimono alcun commento né in senso positivo né in senso negativo, generalmente io:**
A		Mi concentro sulle persone che sembrano interessate alle mie idee.
B		Cerco, in qualunque modo, di riguadagnare l'attenzione di tutti.
C		Chiedo ai silenziosi la loro opinione.
11.		**Quando durante una discussione in gruppo, qualcuno interviene in modo provocatorio nei miei confronti e, malgrado i miei successivi chiarimenti, la persona continua ad arguire contro di me, io:**
A		Cerco di zittire la persona con ulteriori e decise controproposte, facendo comunque notare quanti altri del gruppo concordano con la mia tesi.
B		Cerco di evitare ulteriori motivi di contrasto, alleggerendo la discussione e indirizzando l'attenzione del gruppo su un altro argomento.
C		Interrogo la persona per scoprire cosa realmente celano le sue obiezioni.
12.		**Quando una persona mi fa presente che le mie idee sono corrette ma non è il momento giusto per prenderle in considerazione, io:**
A		Faccio presente che, in questo caso, un ritardo nel prenderle in considerazione ci farebbe perdere dei benefici.
B		Chiedo di chiarirmi quali sono le condizioni che rendono inopportuna, in quel momento, l'attuazione delle mie idee.
C		Chiedo di chiarirmi quale sarebbe il momento migliore per prenderle in considerazione.

13.		**Quando una persona fa dei distinguo su una parte della mia proposta, che egli non condivide, io generalmente:**
A		Chiedo che mi chiarisca le sue obiezioni in modo da capire meglio cosa non condivide.
B		Chiedo cosa dovrei rivedere della mia proposta per renderla più accettabile.
C		Offro diverse alternative che considero meno accettabili, rispetto alla proposta originale, nel tentativo di far capire che la mia soluzione è effettivamente la migliore.
14.		**Quando mi viene posta una domanda difficile alla quale non sono pronto a rispondere, io:**
A		Ammetto che, al momento, non sono in grado di rispondere e che lo farò non appena avrò le informazioni necessarie.
B		Cerco di rispondere in modo vago e passo a un altro aspetto della discussione.
C		Cerco di minimizzare l'importanza di quell'aspetto e mi do disponibile ad approfondire il punto in un altro momento.
15.		**Se, durante una riunione di lavoro, uno dei partecipanti dichiara che si sta perdendo tempo e che intende abbandonare la riunione, io:**
A		Cerco di trattenerlo, facendo presente che il suo apporto è prezioso.
B		Gli faccio notare che il gruppo andrebbe sicuramente avanti anche senza la sua presenza.
C		Gli chiedo di spiegare per quale motivo non giudica produttiva la riunione.

16. Quando una persona giudica il mio suggerimento troppo costoso, io:		
A		Prometterei di valutare cosa è possibile fare per ridurre alcuni costi.
B		Cerco di capire quali sono, per la persona, gli aspetti più vantaggiosi del mio suggerimento e che valore gli riconosce.
C		Faccio presente che il suggerimento non è poi così costoso e che, abbassando i costi, il risultato finale non sarebbe poi cosi vantaggioso come da me proposto.
17. Quando il gruppo sta discutendo una mia proposta e la discussione tende a surriscaldarsi, io:		
A		Cerco di placare gli animi dei diversi membri per evitare che la discussione sfoci in gravi conflitti.
B		Cerco di scoprire le cause delle razioni negative e tento di indirizzare la discussione verso le aree di comune interesse.
C		Cerco di tagliare corto sulla discussione, con l'obiettivo di far accettare il mio punto di vista e uscirne rapidamente vincitore.
18. Se in un gruppo, mentre si sta discutendo su una mia idea, una persona mi fa capire che, a suo giudizio, pur apprezzandone parecchi buoni aspetti non la ritiene così importante da metterla in atto, io:		
A		Rispondo che, se concorda sul valore, varrebbe la pena metterla in atto.
B		Gli chiedo di dirmi i punti che riconosce aver valore.
C		Gli domando cosa potrei fare per facilitarne l'attuazione anche da parte sua.

19.		**Quando, discutendo con qualcuno, intuisco che c'è qualcosa che non funziona nel nostro rapporto, io:**
A		Tento di non far apparire quanto intuisco e continuo nella discussione.
B		Chiedo se c'è stato qualcosa che abbia detto o fatto che possa, in qualche modo, aver offeso l'altro.
C		Faccio presente alla persona che sento che qualcosa non funziona e aspetto la sua reazione.
20.		**Quando una persona ha accettato solo una parte della mia idea, nonostante i miei tentativi per giungere a un accordo su tutta la questione, io:**
A		Rinuncio e mi presento in un secondo momento con un'idea completamente rivista, dal momento che la proposta iniziale non è accettata nella sua completezza.
B		Fisso i punti su cui c'è accordo e chiedo all'altra persona di proporre soluzioni alternative per i punti su cui l'accordo non c'è.
C		Mi impegno ulteriormente per far accettare in toto la mia idea, visto che su buona parte dei suggerimenti c'è già accordo.
21.		**Quando la persona, a cui ho prospettato una mia idea, riconosce che ha aspetti stimolanti ma mi fa presente che ha ancora delle perplessità, io:**
A		Gli chiedo di chiarirmi quali aspetti della mia idea lo lasciano ancora perplesso.
B		Cerco di rassicurarlo facendogli notare che la mia idea è ben ponderata, mostrandomi sicuro sul fatto che avrà successo.
C		Gli chiedo cosa pensa dovrei fare perché si possa sentire più sicuro nell'accettare la mia idea.

22.		**Se, dopo aver presentato la mia idea, l'interlocutore , senza mezzi termini, afferma che essa è ridicola e che non vale la pena perderci del tempo, io:**
A		Ritengo opportuno non andare oltre e chiudo rapidamente la discussione.
B		Faccio presente all'interlocutore che, a dispetto del suo giudizio negativo, i dati in mio possesso sarebbero più che sufficienti a dimostrare la validità dell'idea.
C		Chiedo alla persona di spiegarmi per quale motivo ritiene ridicola la mia idea.
23.		**Se, in un gruppo, una persona sovrasta la discussione e si rivolge spesso a me con parole pungenti, generalmente io:**
A		Contraccambio utilizzando la stessa tattica, per calmare l'individuo.
B		Cerco di ignorarlo, concentrando la mia attenzione sulle altre persone del gruppo.
C		Faccio notare all'individuo che sta attaccando una persona e non un'idea e che sarebbe meglio concentrarsi sull'argomento in discussione.
24.		**Quando il gruppo, malgrado un suo elemento abbia obiettato su alcuni aspetti, è arrivato ad accettare una mia proposta, generalmente io:**
A		Mi rivolgo alla persona che ha espresso delle riserve, per accertarmi di quali sono gli aspetti che la preoccupano.
B		Mi accerto che la persona abbia compreso la validità della mia posizione.
C		Rimango in silenzio per vedere se la persona ha ulteriori obiezioni da fare.

Modulo per l'identificazione dello stile personale di influenzamento

Verifica, per ogni domanda, quale alternativa o alternative hai scelto e riporta, sulla tabella sottostante, i relativi punteggi.

Domanda	Stile ά	Punti	Stile β	Punti	Stile δ	Punti
1	A		C		B	
2	B		C		A	
3	B		A		C	
4	A		C		B	
5	A		B		C	
6	C		B		A	
7	A		C		B	
8	C		A		B	
9	B		A		C	
10	B		C		A	
11	B		C		A	
12	C		B		A	
13	B		A		C	
14	C		A		B	
15	A		C		B	
16	A		B		C	
17	A		B		C	
18	C		B		A	
19	A		B		C	
20	A		B		C	
21	A		C		B	
22	A		C		B	
23	B		C		A	
24	C		A		B	
Totale ά			Totale β		Totale δ	

Interpretazione dei risultati

Invia il modulo per l'identificazione dello stile all'indirizzo e-mail: info@tutor-advisor.it e riceverai l'interpretazione del test; ogni individuo quando per raggiungere un determinato risultato ha la necessità di confrontarsi con una controparte, adotta prevalentemente quello stile negoziale a lui più consono.

Esistono tre fondamentali stili negoziali che si differenziano sulle strategie e le tattiche messe in atto, per influenzare il prossimo. Controlla, sulla tua scheda di valutazione, i punteggi ottenuti e, utilizzando la decodifica che riceverai, identifica il tuo stile prevalente.